SABIDURÍA

GUÍA PARA PROSPERAR

SABIDURÍA
GUÍA PARA PROSPERAR

DARROW L. MILLER
con GARY BRUMBELOW

EDITORIAL JUCUM

P.O. Box 1138 Tyler, TX 75710-1138

Editorial JUCUM forma parte de Juventud con una Misión, una organización de carácter internacional.

Si desea recibir gratuitamente un catálogo de libros y materiales contáctese con:

Editorial JUCUM
P.O. Box 1138 Tyler, Texas 75710
(903) 882-4725 ó (800) 922 – 2143
www.editorialjucum.com

A la secretaría de la Alianza para el Discipulado de las Naciones (ADN)
—Scott Allen, Shawn Carson, Jessie Christensen, Mary Kaech y Dwight Vogt—
y a la más amplia red global de ADN.

ÍNDICE

INTRODUCCIÓN

La sabiduría y la prosperidad

Imagínese un mundo sin corrupción, donde impera la justicia; sin violencia ni conflictos, sino paz social; donde no hay maldad, sino bondad; sin mediocridad, solo excelencia; sin fealdad, solo hermosura; sin codicia, solo generosidad; sin esclavitud ni tráfico humano, sino libertad; sin enfermedad, sino salud; sin muerte, solo vida. Imagínese un mundo donde no existe la pobreza, sino la prosperidad, un mundo en el que todos son prudentes, donde no hay necios.

¿Le parece a usted un mundo real? ¿Le parece tal vida normal? ¿Qué diría usted si le digo que acabo de describir lo que Dios considera normal, lo que siempre deseó para los hombres? ¿Se echará a reír?

Sin embargo, esto es exactamente lo que Dios proyectó desde el principio.

En el principio Dios puso a Adán y Eva en el paraíso, un lugar perfecto para vivir. Su experiencia solo es imaginable. Pero aun la idea de paraíso no capta del todo el Edén. Otras creencias y sistemas religiosos aluden a la idea de paraíso. Los hindúes tienen, por ejemplo, el nirvana. Pero el paraíso era distinto. El Edén no fue solo un lugar para descansar y soñar. Fue un lugar donde se hacían realidad los planes. Era un medio en el que los seres humanos debían prosperar, es decir, progresar, expandirse y florecer. Pero no para su bienestar exclusivo; debían hacer florecer la creación que les albergaba. Dios asignó al hombre y a la mujer en el Edén ejercer dominio sobre la creación. Les dio el mandato de aprovechar sus materias primas y desarrollarla, hacerla florecer. Tenían que plantar viñas y huertos, domesticar animales, diseñar sistemas de irrigación, componer música y danza, inventar técnicas, edificar ciudades, cruzar

---

Nota del editor: En todos los párrafos donde aparece el nombre de Gary, han sido redactado por el co-autor del libro Gary Brumbelow.

los mares, explorar el cosmos. Todas estas cosas forman parte del dominio humano, de ser mayordomos de la majestuosa creación. Estos ejemplos tomados de la agricultura, el arte y la ciencia, son los ingredientes de lo que llamamos cultura. Dios estipuló que los seres humanos creasen cultura.

He aquí una observación relacionada. Dios quería que los seres humanos prosperaran. La pobreza humana no tenía cabida en el plan divino original. Desde la óptica divina (otra manera de decir «en realidad») toda vida había de prosperar. Dios deseó que los seres humanos se desarrollaran en todas las dimensiones. Los autores hebreos denominaron a esto *shalom*, palabra que significa integridad, solidez, bienestar, paz.

El que Dios deseara una vida de completa prosperidad para los seres humanos no debería extrañarnos. Es lo mismo que los padres terrenales desean para sus hijos, plenitud en todas las dimensiones de la vida: física, social, espiritual, intelectual, emocional, económica, vocacional. ¿Por qué los padres humanos quieren estas cosas para sus hijos? Porque los padres (como también los hijos) han sido creados a imagen de Dios. Los seres humanos no sueñan estas ideas por sí mismos; las recibieron de Dios.

La historia de la humanidad comenzó en un paraíso. Pero poco después todo cambió. El hombre se rebeló.[1] A causa de ello, perdió su lugar en el jardín y toda la creación quedó dañada. Tuvo lugar una inversión cósmica —como algunos teólogos llaman a la Caída—. Buena parte de la hermosura original quedó desfigurada. La gloria se trocó en vergüenza, la abundancia en pobreza, la libertad en esclavitud, el orden en desorden.

Gary vio una pequeña imagen de esta inversión cósmica hace algunos años. Un mes de agosto viajé en automóvil con otras tres personas desde Portland, Oregón, a Saskatchewan, Canadá, un recorrido de unos mil seiscientos kilómetros. De camino a Saskatchewan hizo bastante calor, como es normal para el mes de agosto. La ruta transcurrió por el sur de Alberta, donde hay excelentes campos de trigo. Agosto es el mes de la cosecha, de manera que las

---

1 En este libro a menudo usaremos el término hombre en el sentido clásico de seres humanos en general o la raza humana. En este sentido «hombre» incluye tanto al hombre como a la mujer.

mieses estaban casi a punto para su recolección. Y ese año hubo una gran cosecha. Después de cuatro días en Saskatchewan, luego de emprender el viaje de regreso a Oregón, ocurrió algo extraño. Una insólita tormenta de nieve irrumpió en medio de la cosecha. La nieve fue muy húmeda y pesada, y destruyó gran parte de la misma. Nos detuvimos en Lethbridge, Alberta, y fuimos a comer a un restaurante. Un granjero que hacía cola delante de nosotros, conversaba con alguien. Con corazón apesadumbrado dijo algo que me recuerda dicha inversión cósmica: «Un día esperaba la mejor cosecha de toda mi vida. Pero al día siguiente todo se había ido al traste y echado a perder».

Desde que se produjo la primigenia entrada del pecado hemos vivido en un mundo quebrantado. Naciones, comunidades y vidas están fracturadas. Pero el plan de Dios no ha cambiado. Él desea que las personas, las comunidades y las naciones florezcan. En realidad, podríamos decir que Dios está reconduciendo la historia a su punto de partida. La historia humana comenzó en un jardín paradisíaco, y el fin de la misma promete una «ciudad jardín» y un paraíso restaurado. Y Dios comparte con los seres humanos la responsabilidad de crear ambientes en los que las personas puedan prosperar. Yo creo que esta es la mejor manera de entender el mandato de la creación.

CREADOS PARA FLORECER

En el relato de la creación, Dios dijo al hombre y la mujer: «He aquí que os he dado toda planta que da semilla, que está sobre toda la tierra, y todo árbol en que hay fruto y que da semilla; os serán para comer» (Gén. 1:29). Más adelante, después del diluvio, repitió la misma declaración a Noé y su familia: «Todo lo que se mueve y vive, os será para mantenimiento: así como las legumbres y plantas verdes, os lo he dado todo» (Gén. 9:3). Dios creó seres humanos que necesitaban alimento para vivir y les proveyó comida para cubrir su necesidad.[2]

---

2 Lo que sigue añade perspectiva a la provisión divina de alimento para el hombre: …algunos apostatarán de la fe, escuchando a espíritus engañadores… que… prohibirán casarse, y mandarán abstenerse de alimentos que Dios creó para que con acción de gracias participasen de ellos los creyentes y los que han conocido la verdad. Porque todo lo que Dios creó es bueno, y nada es de desecharse, si se toma con acción de gracias (1 Tim. 4:1-4).

Él hace producir el heno para las bestias, y la hierba para el servicio del hombre, sacando el pan de la tierra, y el vino que alegra el corazón del hombre, el aceite que hace brillar el rostro, y el pan que sustenta la vida del hombre (Sal. 104:14-15).

El que da alimento a todo ser viviente, porque para siempre es su misericordia (Sal. 136:25). Los ojos de todos esperan en ti, y tú les das su comida a su tiempo (Sal. 145:15-16).

Normalmente pensamos que la tierra y las semillas son tan comunes y corrientes que solo interesan a granjeros y jardineros. Rara vez consideramos el potencial del suelo o el de una semilla. Cuando una semilla es echada en la tierra, comienza un proceso multiplicador casi inconcebible. Una semilla produce toda una planta con muchas semillas —a veces cientos o miles— cada una de las cuales encierra potencial para repetir el ciclo. Dios es quien da crecimiento a la planta y asigna a los seres humanos dominio sobre este proceso para su nutrición y sostenimiento. El dominio humano ayuda a la creación a florecer. El Dios que creó un universo floreciente estipuló que los seres humanos fueran agentes suyos en el proceso de florecimiento. Si usted está prosperando, está procurando *shalom* a otros porque está siendo lo que Dios quiso que fuese.

Antes señalamos que florecer significa progresar, expandirse y prosperar.[3] La palabra procede del verbo hebreo *parath*, traducido como «retoñar», «brotar», «florecer», «prosperar».[4]

El florecimiento es el plan normal de hacer las cosas según el designio original de Dios. Después de la inversión cósmica, la descomposición y la decadencia —de los seres humanos, sus instituciones y la creación— fueron el nuevo orden natural. O por decirlo de una manera un poco diferente, lo anormal pasó a ser normal. No obstante, Dios ha venido actuando desde entonces para restablecer

---

3 v. i. florecer. [L. floresco, de floreo. Su acepción primaria es abrir, expandir, agrandar, o disparar, como en gloria; en latín, ploro.] 1. Prosperar; crecer con exuberancia; aumentar o agrandarse, como una planta sana y saludable. 2. Ser próspero; aumentar en riqueza u honor». A menos que se especifique, las definiciones pertenecen al diccionario de inglés Webster's 1828: *American Dictionary of the English Language*.

4 «Por ejemplo, una planta en estado de desarrollo y madurez que tenga brotes y floración de yemas del fruto o flores. Nota: En algunos contextos, esto sugiere prosperidad o una condición o circunstancia favorable». A menos que se especifique, las entradas léxicas del hebreo se han tomado del *Diccionario de idiomas bíblicos: Hebreo*, de J. Swanson, ed. electrónica. (Oak Harbor, WA: Logos Bible Software, 1997).

la creación. Él está cambiando la creación del desperdicio al florecimiento, de la pobreza a la prosperidad, del desorden al orden, de la
injusticia a la justicia, de la ignorancia al conocimiento, de la enfermedad a la salud, de la deformación a la reformación.

Así pues, ¿qué significa todo esto por lo que concierne a la responsabilidad humana por la pobreza y el subdesarrollo? ¿Cómo
hemos de resolver estos problemas? En realidad, Dios ya ha equi-
pado a la gente para hacerlo. Ha provisto el principal recurso que
necesitan los seres humanos para obtener soluciones. ¿Qué recurso es éste? ¡La sabiduría! La sabiduría es lo que traslada a las personas de la aflicción a la plenitud, de la pobreza a la prosperidad,
del subdesarrollo al desarrollo. La sabiduría se ocupa de la vida y la
administración en el tiempo que media entre el paraíso perdido y
el paraíso restaurado. La sabiduría y el desarrollo, o florecimiento
humano, están orgánicamente relacionados. El segundo depende
de la primera. Pero no todos lo entienden. Por eso hemos escrito
este libro.

Muchas personas que trabajan en programas gubernamentales
y en organizaciones de ayuda y desarrollo, procuran mayormente
dinero y tecnología para aliviar la pobreza. Tanto el dinero como
la tecnología pueden ser parte de la solución. Pero la solución que
exige la pobreza es mucho más profunda. Los trabajadores de ayuda
humanitaria y ayuda al desarrollo necesitan captar la relación que
hay entre la sabiduría y el desarrollo humano.

Muchas personas de fe se preocupan de los pobres. Pueden servir a pobres que viven en zonas urbanas en los Estados Unidos o a
comunidades pobres de otros países. Muchos creen en un Dios que
se ha revelado al hombre. Creen en la revelación de Dios, pero ellos
tampoco han acertado a establecer la relación entre lo que afirma la
revelación acerca de la sabiduría, por una parte, y las raíces de la pobreza, por otra. Las personas que componen ambos grupos operan
inconscientemente apoyadas en normas, principios y programas
humanistas. Escribimos este libro para cubrir estas grietas. Esperamos poder mostrar a ambos grupos la relación entre la sabiduría y
el florecimiento humano.

LA RAÍZ DE LA POBREZA

Cuando era adolescente y vivía en California viajé a la Ciudad de México donde entré en contacto por primera vez con la pobreza. No volví a ser el mismo. Pocos años después empecé a trabajar con una organización internacional de ayuda y desarrollo. Como muchos de mis colegas, estaba deseoso de ayudar a la gente a romper las horribles cadenas de la pobreza. Nuestra organización, como muchos otros grupos, gastaba mucho dinero en las comunidades pobres. La idea era que ese dinero las ayudaría a salir de la pobreza. Pero poco a poco me fui dando cuenta de que actuábamos a partir de un error conceptual fundamental, a saber, que la pobreza es debida a la falta de recursos. Que la gente era pobre porque carecía de recursos materiales. No pasó mucho tiempo hasta que me di cuenta que había asumido una idea equivocada. De hecho, reconocí que provenía del marxismo: la gente es pobre porque carece de recursos, y la solución estriba en planes de redistribución. Pero comprendí que no es así, sino que la raíz de la pobreza está en la mente. La mente humana es un recurso maravilloso —seguramente el mayor recurso creado— y un activo para hacer una importante contribución a la persona y la sociedad. Por otra parte, también puede ser un pasivo. Muchas personas viven en la pobreza atadas por fortalezas mentales que las esclavizan. Una manera de constatar esto es cómo se relacionan los individuos con el orden de la creación.

Dios creó el universo de una manera ordenada, según sus principios rectores. Hay orden en el universo y ese orden sostiene nuestra vida. Hay personas que llaman a esto el orden de la creación. Las personas sabias descubren este orden y viven conforme a su esquema. Cuando una persona o nación vive dentro del marco del orden divino, tiende a prosperar. Las personas insensatas niegan a Dios, o su orden, e intentan vivir fuera del mismo. Rebelarse contra el orden divino creado es acercarse a la pobreza y la esclavitud.

La falsa idea de que la pobreza tiene su raíz en la falta de recursos da pie a planes de redistribución basados en ideas marxistas. La pobreza está arraigada en la mente, no en la falta de recursos. El subdesarrollo no es *solo* un estado mental, sino que se *origina* en la mente. Dios ha provisto todos los recursos necesarios para el florecimiento humano. Un pueblo, en particular, lo ha demostrado en la historia de la humanidad.

EL INTERIOR Y EL EXTERIOR

Hace varios años leí un libro de Thomas Cahill, *El legado de los judíos: El modo en que una tribu de nómadas del desierto cambió el modo de pensar y sentir.* El libro es el segundo volumen de la serie Bisagras de la historia, de Cahill. En él declara: «En esta serie... me propongo relatar la historia del mundo occidental como historia de... los que confiaron a nuestra custodia uno u otro de los tesoros singulares que componen el patrimonio de Occidente».[5]

Gracias a la vida de Abraham, el mundo conoció el monoteísmo. Cahill cree que Abraham, el padre de la fe monoteísta de los judíos, los cristianos y los musulmanes, es uno de los goznes de la historia. Antes de él, la sociedad humana estaba dominada por una cultura animista/fatalista. Después de él, todo cambió:

> Los judíos nos proporcionaron un nuevo vocabulario, un nuevo Templo del Espíritu, un paisaje interior de ideas y sentimientos antes desconocidos. Después de muchos siglos de traumas y de sufrimiento, creyeron en un solo Dios, el Creador del universo, cuyo sentido subyace en toda su creación y quien entra en la historia de la humanidad para cumplir su propósito. Como consecuencia de su singular creencia —el monoteísmo— los judíos nos legaron el Gran Todo, un universo unificado que tiene sentido, y que gracias a su superioridad evidente como cosmovisión, sobrepasa por completo los contradictorios y beligerantes fenómenos del politeísmo. Nos dieron la conciencia de Occidente.[6]

En vez de un mundo en el que cada tribu tiene su propia deidad, uno podía ahora abrazar el concepto de un Dios Creador del universo. Esta idea del monoteísmo produciría finalmente el mundo occidental. Antes de Abraham, la gente se apoyaba en la mentira. La última referencia a una relación significativa entre Dios y el hombre fue la bendición de Noé a sus hijos (Gén. 9:26-27)

---

5 Thomas Cahill, *El legado de los judíos: El modo en que una tribu de nómadas del desierto cambió el modo de pensar y sentir* (Madrid: Debate, 2000).

6 Cahill, *El legado de los judíos.*

muchas generaciones antes. Sin duda, se contaban relatos orales de la creación, el diluvio y la torre de Babel. Pero la historia que media entre el diluvio en el capítulo 9 y el llamado a Abraham en el capítulo 12 sugiere una alienación entre Dios y los seres humanos. En Ur, Abraham vivía entre los paganos y él mismo era probablemente pagano. Los judíos trajeron verdad al mundo, incluyendo lo que Cahill denomina «el interior y el exterior». El exterior es la realidad, el orden de la creación. El interior es la forma de percibir —la cosmovisión— que concuerda con la realidad. «Los judíos nos dieron *el exterior y el interior* —perspectiva y vida interior—. Apenas podemos levantarnos por la mañana o cruzar la calle sin ser judíos. Soñamos sueños judíos y tenemos esperanzas judías. Muchas de nuestras mejores palabras —nuevo, aventura, sorpresa; singular, individuo, persona, vocación; tiempo, historia, futuro; libertad, progreso, espíritu; fe, esperanza, justicia—, son legado de los judíos».[7]

LA VIDA SEGÚN EL ORDEN DIVINO DE LA CREACIÓN

El orden divino es vivificante. Si descubrimos el orden de su creación y nos situamos dentro de su marco, entraremos en el entorno que Dios preparó para la prosperidad humana. Los individuos y las naciones tienden a prosperar cuando viven sometidos al orden divino de la creación. Pero cuando rechazan ese orden o escogen neciamente apartarse de él, sobreviene la pobreza. En vez de llegar a ser lo que Dios deseó que fuéramos, nos desintegramos, venimos a ser menos de lo que Él quiso. Esto lo constatamos en vidas y comunidades arruinadas por todo el mundo. ¡Esto es pobreza!

Deseo que los individuos y los países pobres salgan de la pobreza, he dedicado los últimos treinta años de mi vida a estudiar la Biblia para averiguar qué afirma acerca de la prosperidad de las naciones. Hace algunos años me puse a estudiar Proverbios. Este libro es muy práctico, sobre cómo vivir y trabajar. Proverbios sienta las bases para poder vivir. Es completo; trata de todo aspecto de la vida y ámbito social. Proverbios es un mensaje del cielo para vivir en la tierra.

---

7   Cahill, *El legado de los judíos.*

Entre otras cosas, Proverbios se ocupa de la gobernanza —el arte de vivir y trabajar—. Para nuestro objetivo, la gobernanza se distingue de las *instituciones de gobierno*; incidiremos en este punto en breve. Proverbios nos enseña a gobernarnos a nosotros mismos como individuos, comunidades y naciones. La gobernanza es el instrumento para florecer. Proverbios no solo identifica el florecimiento como el objeto de la vida; también prescribe los medios para tal fin. La prosperidad —el desarrollo personal, comunitario y nacional— comienza por alejarse de la voz de la insensatez y volverse a la voz de la sabiduría.

La insensatez adopta diversas formas, pero a buen seguro una de sus expresiones más claras en las sociedades actuales tiene que ver con el esfuerzo por redefinir el matrimonio y la familia. Daniel Díaz estuvo presente en una lección que impartí en Puerto Rico. Hace poco él regreso a Argentina, su país de origen, donde oyó decir a un senador: «Somos el mejor país del mundo porque tenemos cinco tipos de familia: ¡madre y padre, madre soltera, padre soltero, dos madres, y dos padres!». Cuando se pierde de vista una verdad tan fundamental —la creación divina del hombre y la mujer, del sexo, el matrimonio y la familia— nos hacemos insensatos y nos despeñamos hacia la decadencia y la pobreza.

Otra dimensión de la prosperidad humana es la libertad. El hombre fue creado para ser libre; la esclavitud y el cautiverio no tenían cabida en el plan divino. Respecto a la libertad, Alexander Tocqueville escribió a su amigo Eugene Stoffels: «Para persuadir a los hombres de que la observancia de las leyes divinas y humanas es el mejor medio para ser libre… usted opina que no es posible. Yo también me veo tentado a pensar así. Pero se trata de una verdad inmutable e intentaré afirmarla a cualquier precio».[8]

Hemos señalado que Dios dio al hombre y la mujer el mandato de desarrollar la tierra. Que el mandato de la creación introdujo la idea de la gobernanza humana. Dios delega autoridad; nosotros somos sus mayordomos en la creación, sus vice-regentes. Estas son nociones de administración. Y Proverbios tiene mucho que decir acerca de la idea de gobernanza: el trabajo.

8   Os Guinness, *A Free People's Suicide: Sustainable Freedom and the American Future,* (Downers Grove, IL: InterVarsity Press, 2012), 114.

EL TRABAJO DE LA GOBERNANZA, LA ADMINISTRACIÓN DEL TRABAJO

Proverbios asegura que nuestra vida cotidiana tiene que ver con la gobernanza. Por ejemplo, uno ejerce gobernanza cuando acude a trabajar todos los días. Mi amigo Christian Overman afirma que el trabajo es gobernanza. «En el fondo, el *trabajo* es un acto de gobernanza. Gobernanza sobre la madera, el metal, el ganado vacuno, el algodón y las zanahorias. Gobernanza sobre las ondas sonoras, las corrientes eléctricas y el viento. Gobernanza sobre teclados de ordenador, fibra óptica e imágenes digitales. Gobernanza sobre las personas. Sobre las cosas. Sobre las ideas».[9]

Antes señalamos que el gobierno (Estado) y la gobernanza son cosas distintas. Proceden de la misma raíz, pero no son sinónimos. El gobierno es una institución. Uno puede obtener un título universitario en gobierno o ciencias políticas; puede ser candidato a alcalde, o al parlamento, o ser contratado como fiscal del condado, y pasar a formar parte de la «clase dirigente». El gobierno y la vida política están entrelazados. Muchas personas consideran el gobierno humano como remedio de todos los problemas sociales, casi como un salvador. Otros ven el gobierno como un mal; algunos como un mal necesario que hay que tolerar, otros como una plaga de la que hay que deshacerse. Pero la idea del gobierno humano es una idea divina. El gobierno es una institución ordenada por Dios.

Por otra parte, la gobernanza es una disciplina, un comportamiento, un estilo de vida. La gobernanza denota orden y gestión. Por ejemplo, una vida ordenada, indica una auto-gobernanza saludable. Recuerde a Abraham. Él trajo verdad y el orden de la creación a la sociedad. De este modo introdujo la auto-gobernanza. La auto-gobernanza, para el cultivo de la virtud tanto en la vida privada, como en la vida pública, sigue siendo esencial para las sociedades sanas. Os Guinness, haciendo seguimiento del debate entre los fundadores de los Estados Unidos acerca del equilibrio entre la libertad y la virtud, señala que «el liderazgo sin carácter, la empresa

---

9 Christian Overman, *The Lost Purpose for Learning: An Essay on United Stated Education with Implications for All Nations* (Bellevue, WA: Ablaze Publishing, 2016), 29.

sin ética y la ciencia sin valores humanos —en suma, la libertad sin virtud— hará doblegarse a la república».[10] La gobernanza de una república libre tuvo que apoyarse en la auto-gobernanza de sus ciudadanos libres, porque solo los que se pueden gobernar a sí mismos como individuos se pueden gobernar como pueblo.[11]

Una buena auto-gobernanza interna es una condición previa para una gobernanza externa. La Dra. Elizabeth Youmans lo ha expresado muy bien: «En pocas palabras, el principio cristiano de la auto-gobernanza es el gobierno divino interno desde el corazón del individuo. Para poder tener verdadera libertad, el hombre debe ser gobernado internamente por el Espíritu de Dios, no por fuerzas externas. El gobierno es primeramente personal, y después se extiende al hogar, la iglesia y la comunidad».[12] Una buena gobernanza significa cuidar la tierra. Dominar sobre los bosques. Fomentar la salud humana. La agricultura. El cultivo de las artes. El avance de las ciencias, incluido el dominio de las ondas sonoras. Cuando las señales de radio transmiten mensajes verdaderos, buenos y bellos, alguien está ejerciendo gobernanza sobre las ondas sonoras.

Otra dimensión importante del dominio de las ondas sonoras es el control de las palabras. En una sociedad de libre expresión, creemos que podemos decir lo que nos venga en gana. Pero somos responsables de nuestras palabras. Y el control de las palabras comienza con el control del pensamiento. Si no se gobierna el pensamiento, tampoco se gobiernan las palabras, y las palabras descontroladas nos pueden hacer daño a nosotros y a los demás. En una sociedad de palabras incontroladas, se promulgan leyes externas para reforzar limitaciones que deberían ser auto-administradas. Invariablemente, las leyes externas se multiplican y se reduce la libertad. Pero como escribió Pablo a los corintios: «Si, pues, nos examinásemos a nosotros mismos, no seríamos juzgados» (1 Cor. 11:31).

10 Guinness, *Free People's Suicide*, 102.
11 Guinness, *Free People's Suicide*, 106. El libro de Guinness encierra un tesoro en cuestiones relacionadas con estos temas.
12 E. L. Youmans, *The Noah Plan History and Geography Curriculum Guide* (Chesapeake, VA: The Foundation for American Christian Education, 1998), 68.

Reflexione
Describa la pobreza/aflicción que ve en:

- La creación
- Su país
- Su comunidad
- La vida de sus amigos
- Su propia vida

¿Qué está causando esta aflicción?

DIFERENCIA ENTRE SABIDURÍA E INTELIGENCIA

Al comenzar un libro sobre la sabiduría, es importante hacer una distinción. No es lo mismo inteligencia que sabiduría. Al hablar de sabiduría no nos referimos a ser listos. Todos hemos conocido personas inteligentes que no son sabias. Si uno se esfuerza mucho durante largo tiempo puede obtener un título de doctorado. Puede ser un experto en su especialidad y buscado por su conocimiento. Pero muchas personas doctas tienen escasa sabiduría. Asimismo, muchas personas con escasa educación formal (pocos conocimientos) son, sin embargo, sabias.

La sabiduría consiste en observar conductas que hacen que funcione la vida; la insensatez es repetir conductas que acaban en quebranto. La sabiduría conduce a la prosperidad integral, al florecimiento. La necedad conduce a la pobreza integral, al marchitamiento.

Un necio educado toma decisiones terribles. Muchos políticos estadounidenses, por ejemplo, son considerados inteligentes. Son graduados de las mejores universidades, como Harvard y Yale. Pero les suele faltar sabiduría. La inteligencia es un don del Creador, pero no un sustituto de la sabiduría. Las decisiones sabias conducen a la prosperidad. Pero mucha gente inteligente vive en la insensatez, repitiendo conductas que socavan el desarrollo humano. Como dijo Albert Einstein, hacer la misma cosa una y otra vez y esperar resultados distintos es una insensatez.

Walter Chalmers Smith (1824-1908) escribió un poema, y después le puso música para captar esta verdad. El himno «Inmortal, invisible, único sabio Dios», incluye esta estrofa:

De cada ser vivo tú eres autor; toda vida sustentas
Tanto a grandes como a pequeños;
En toda vida tú vives, eres la verdadera vida de todo
Nosotros florecemos y prosperamos como las hojas del árbol,
Nos *marchitamos* y *perecemos* pero tú permaneces.

Dios no cambia. Él es quien nos da vida. Por otro lado, nosotros, ora «brotamos y florecemos, ora nos marchitamos y perecemos». Si deseamos hallar la senda de la vida, tenemos que vivir en el entorno que Dios ha creado. Rechazar ese marco, o rebelarse contra él, es invitar a la muerte.

Reflexione
¿Qué significa que algo florece?
¿Qué causa el florecimiento de algo?
¿Qué significa que algo se marchita?
¿Qué causa que algo se marchite?
Haga un dibujo que refleje el florecimiento y el marchitamiento.
Identifique condiciones de su vida en las que ha florecido.
Identifique condiciones de su vida en las que se ha marchitado.

LA AUDIENCIA DESEADA

Este libro no es para todo el mundo. Aún a riesgo de perder al lector casual, por una parte, y al lector académico, por otra, lo hemos escrito especialmente para activistas profesionales, reflexivos, que se interesan por lo global. Queremos influir donde resultemos más útiles.

Una vez dicho esto, también escribimos para un grupo más amplio de lectores, basados en el denominador común de Proverbios. Muchas personas en el mundo se preguntan por qué sus vidas no van bien y aspiran a algo mejor. Gentes de todas las creencias precisan ver la relación entre la sabiduría y la resolución del problema de la pobreza. Nos hemos esforzado en hacer el libro accesible a personas con poco o ningún interés en la Biblia. Al mismo tiempo, los lectores bíblicos, especialmente los que se dedican a servir a los pobres, o los que están atrapados en ciclos de pobreza, se interesarán en el tema.

VISTA PREVIA DEL LIBRO

Unas palabras acerca de la estructura del libro resultarán útiles. En la Parte 1 nos ocupamos de la sabiduría y el universo. ¿Cómo participó la sabiduría en la creación? Hablamos de la amplitud de la sabiduría en la historia de la humanidad. ¿Qué relación vemos entre la inversión cósmica y la sabiduría, o la ausencia de la misma? ¿Cómo actúa la sabiduría en el sostenimiento del universo? Veremos que la sabiduría sostiene el universo mediante la divina providencia (la obra de Dios) y la obediencia del hombre (obra nuestra). En la última sección de la Parte 1 plantearemos la idea de la sabiduría y la consumación del universo, la gran recopilación de la historia de la humanidad en lo que J. R. R. Tolkien calificó de eucatástrofe, una buena catástrofe.[13]

La Parte 2 se ocupará de la preeminencia de la sabiduría. Incluirá reflexiones sobre Proverbios como guía para la vida, una especie de manual para enseñar a los seres humanos a tener una vida próspera.

En esta parte nos ocupamos de tres palabras relacionadas que aparecen en Proverbios: conocimiento, entendimiento y sabiduría. No son sinónimos. Son palabras distintas, y sabiduría destaca entre las tres. La Parte 2 concluirá con un capítulo titulado «Sabiduría mundana versus sabiduría de Dios». El término sabiduría se puede definir de varias maneras; hemos de aclarar que estamos hablando de la sabiduría como atributo de Dios, y de su aplicación como virtud piadosa en los seres humanos.

La Parte 3 se titula «Un mundo de elecciones». Contemplamos dos sendas: la llamada de la Dama Sabiduría y la llamada de la prostituta. Por todo el libro de Proverbios encaramos la doble decisión. ¿Escucharemos a la sabiduría o a la prostituta? Veremos que necesitamos vivir con este objetivo en mente. Muchas personas viven para el presente: una visita al centro comercial, un día en el trabajo, un fin de semana. Muchas culturas animan a la gratificación

---

13 J. R. R. Tolkien, *Tree and Leaf* (London: Unwin Books, 1964), 68. *El árbol y las hojas* (Barcelona, Minotauro, 2002).

instantánea: sexo desenfrenado, gula descontrolada, todo tipo de adicciones y actos violentos incontrolados. Debemos vislumbrar el final y vivir a la luz del resultado último. ¿Escogeremos la sabiduría o la insensatez, vicio o virtud, prudencia o ingenuidad, sinceridad o falsedad? Esta sección concluirá con algunos modelos para florecer.

Todo esto da como resultado la parte final: «Sabiduría y desarrollo». Aquí consideraremos el desarrollo en sus múltiples facetas: moral, social, política y económica. El libro concluye con unas palabras acerca del precio que puede exigir escoger la senda de la sabiduría.

Por todo el libro surgirán oportunidades de involucrarse a un nivel más profundo que la simple lectura de la narrativa. Hemos preparado tres clases de preguntas para ayudar a procesar el material y aplicarlo más eficazmente: Prepare, Lea y Reflexione.

Al principio o cerca del principio de la mayoría de los capítulos (o a veces al principio de una sección de un capítulo) verá un recuadro titulado «Prepare» con lecturas sugeridas de la Escritura y preguntas para responder antes del comienzo del capítulo.

En los capítulos hay recuadros titulados «Lea». Hallará escrituras para leer y meditar. Estas preguntas deben ser respondidas en el contexto de la narrativa, en ese momento.

El tercer tipo de recuadro de estudio, normalmente al final de un capítulo o sección, se titula «Reflexione». Estas preguntas están diseñadas para ayudarle a procesar lo que acaba de leer.

Le animamos a hacer uso de los ejercicios recomendados. Enriquecerán significativamente su aprendizaje.

PARTE I

LA SABIDURÍA
Y EL UNIVERSO

I

LA SABIDURÍA CREA EL UNIVERSO

Prepare
Lea Génesis 1:1-5; Juan 1:1-3, 14; Hebreos 11:1-3
¿Cómo creó Dios?
¿Qué paralelismos hay entre Génesis 1 y Juan 1?
¿Qué nos permite entender la fe?

¿*Quién soy yo? ¿Por qué estoy aquí? ¿Qué significa mi vida? ¿Hacia dónde se dirige?* Cuando tenemos dieciocho años todos nos planteamos estas preguntas básicas. ¿Por qué todo el mundo se hace tales preguntas? El que todo el mundo se las plantee sugiere que hay respuestas. Lo mismo que el hambre sugiere que existe la comida,[1] así también las preguntas acerca de la trascendencia insinúan que existe la verdad metafísica. Y si hay respuestas, debe haber Uno que responde. Uno que ha hablado. La Biblia explica el sentido de la existencia humana, la dirección de la historia, y la naturaleza del mundo que nos rodea. Da sentido a la vida.

Toda la realidad puede ser considerada desde dos dimensiones: su amplitud y su profundidad. Digamos que la amplitud de la realidad está representada por la historia del mundo, la gran extensión histórica

---

1 Observación hecha por C. S. Lewis en *Mere Christianity* (New York: HarperCollins, 1980), 136. *Mero cristianismo* (Madrid: Ediciones Rialp, 2017).

desde la creación hasta el presente y hasta el fin de los tiempos. Por definición, el futuro es desconocido para los seres humanos. Pero el Creador, la Primera Causa, no está apremiado por limitaciones humanas. Y Él tiene algo que decir sobre el futuro. Volveremos a este punto.

Si la *amplitud* de la realidad es la *historia*, su *profundidad* es la gran historia del *significado*, la suma de lo que es verdadero, bueno y hermoso (véase la fig. 1). Estas tres —la verdad, la bondad y la belleza— resumen todo por lo que fueron creados los seres humanos. Esto a veces se denomina *trinidad cultural*. En la medida en que un individuo actúa racionalmente, la trinidad cultural abarca todo lo que él o ella está buscando. Entender este hecho es andar por la senda de la sabiduría.

Lea
Lea el Salmo 104:24; Proverbios 3:19; Jeremías 10:12; 51:15
¿De qué se valió Dios para crear el universo?
Lea Proverbios 8:22-31.
¿Cuándo se asignó a la sabiduría «realizar su tarea»?
¿Cómo se describe la sabiduría en el proceso de la creación?
Lea Proverbios 3:19-20
¿Qué tres palabras se usan para describir la obra de la creación?
¿Qué acciones se asocian con cada palabra?
¿Qué puede significar esto?

Dios creó el universo apoyado en su infinita sabiduría. Para enfatizar el papel de la sabiduría en la creación del universo, el autor de Proverbios la personificó. En Proverbios 8:27-31 la sabiduría testifica:

Cuando formaba los cielos, allí estaba yo; cuando trazaba el círculo sobre la faz del abismo;
cuando afirmaba los cielos arriba, cuando afirmaba las fuentes del abismo;
cuando ponía al mar su estatuto, para que las aguas no traspasasen su mandamiento; cuando establecía los fundamentos de la tierra,
con él estaba yo ordenándolo todo, y era su delicia de día en día, teniendo solaz delante de él en todo tiempo.
Me regocijo en la parte habitable de su tierra; y mis delicias son con los hijos de los hombres.

Con la inversión cósmica entró el desorden en el universo, pero la sabiduría permaneció. De hecho, la sabiduría ha sostenido el universo desde entonces. La creación quedó desgarrada, pero la sabiduría la mantiene unida. Un día la sabiduría guiará a la consumación del universo. Pero nos estamos adelantando. Profundicemos en el relato de la creación para ver qué dice sobre el papel de la sabiduría en la creación.

En primer lugar, vemos participación trinitaria en la creación. El Padre habla en la creación, el Hijo lleva a cabo los decretos, el Espíritu Santo se mueve sobre la faz de las aguas. El Padre es el orador, el Hijo es la palabra, el Espíritu Santo el que habla (el aliento que lleva la palabra).

Dios actuando en su sabiduría, ordenó la creación con intención deliberada. Resultado: el ser humano tiene una importancia única. Esto es obvio por la manera en que el Génesis presenta las fases de la creación. Primero, Él creó el tiempo, el espacio y la materia: «En el principio [tiempo] creó Dios los cielos [espacio] y la tierra [materia]» (Gén. 1:1). Esta declaración sumaria está repleta de sentido, que no expondremos aquí.[2] Nos limitamos a reseñar que todo lo que sucedió en la creación está contenido en esta declaración

---

2 Para leer más sobre el poder de la historia de la creación en relación con el desarrollo humano, véase Darrow L. Miller con Stan Guthrie, *Disciplinando naciones: El poder de la verdad para transformar culturas,* 3ª ed. (Editorial JUCUM, Tyler, Texas, 2018).

sencilla y profunda. A partir de ahí, el relato sigue precisando la formación de la creación inanimada: la luz, los cielos, las aguas, la tierra (1:2-10, 14-19). El proceso continúa y Dios crea la vida vegetal (1:11-13, 29-30) seguida de la vida animal (que tiene aliento, 1:20-25).

Todo ello en preparación para culminar el orden creado, a imagen de Dios.

> Entonces dijo Dios: «Hagamos al hombre a nuestra imagen, conforme a nuestra semejanza; y señoree en los peces del mar, en las aves de los cielos, en las bestias, en toda la tierra, y en todo animal que se arrastra sobre la tierra».
> Y creó Dios al hombre a su imagen, a imagen de Dios lo creó; varón y hembra los creó. Y los bendijo Dios, y les dijo: «Fructificad y multiplicaos; llenad la tierra, y sojuzgadla, y señoread en los peces del mar, en las aves de los cielos, y en todas las bestias que se mueven sobre la tierra» (Gén. 1:26-28).

A lo largo del proceso, el autor recoge el veredicto divino de su obra creativa. Cuatro veces añade: «Y fue así» (Gén. 1:7, 9, 11, 15). Seis veces Dios exclama: «Y vio Dios que era bueno» (1:4, 10, 12, 18, 21, 25) y una vez más en grado superlativo: «Era bueno en gran manera» (1:31). Sin duda, usted ha completado alguna labor —ha plantado un jardín, construido una silla, limpiado un terreno, pintado una habitación, compuesto una canción— y la ha admirado con satisfacción. Esa satisfacción es una leve réplica del gozo divino al culminar su creación.

EL SEÑOR DE LA HISTORIA ES INTENCIONAL

Los filósofos y los teólogos usan el término *ontología* para hablar del propósito de todas las cosas. Dios es intencional, nunca aleatorio o arbitrario en sus hechos o propósitos. Otro término que toca este aspecto del carácter divino en la creación es la *teleología*, es decir, el objeto final hacia el que se mueve toda la historia. Dios creó con un propósito y la historia entera se mueve hacia ese propósito final. Esto conduce a dos importantes verdades concomitantes, una relacionada con la existencia humana, y la otra con la actividad humana.

En primer lugar, en contra de la premisa darwinista, no existimos por accidente. El universo tiene un sentido. Su vida tiene propósito. Todos los seres humanos existen por voluntad y propósito de Dios y su vida personal tiene propósito. Dios le conoce y le creó con un propósito. Mucha gente joven se pregunta *¿qué sentido tiene mi vida? Todo está revuelto. Nada tiene sentido.* Todos nos hacemos estas preguntas. Sentimos confusión en cuanto a las respuestas porque hemos abandonado el orden creado. En la Caída, los hombres rechazaron la sabiduría. Para aclarar el sentido de la vida debemos recuperarla. La otra verdad que fluye de la naturaleza intencional de Dios es ésta: los seres humanos tienen la responsabilidad de buscar el propósito de Dios en el orden de la creación. Lo mismo que la obra creativa divina se caracterizó por un orden creciente, los seres humanos han de continuar esa progresión. Hemos de tomar lo que Dios nos ha dado y albergar sueños. Hemos de ejercer nuestra imaginación (otro don divino) y hacer realidad esa inspiración con palabras y obras. Esto es consustancial a Génesis 2:15 (NVI): «Dios el Señor tomó al hombre y lo puso en el jardín del Edén para que lo cultivara y lo cuidara».

Lea

Lea Génesis 1:29-30; Salmos 104:14-15.

¿Qué ve cuando contempla una semilla?

¿Ve la semilla o el potencial que encierra?

¿Qué le sugiere esto acerca del alcance de su visión?

EL PODER DE LA SEMILLA

Tenemos a nuestro alrededor un ejemplo notable de la intencionalidad de Dios en la creación. Considere una semilla común, ya sea de tomate o de manzana, o las semillas de la hierba alta, o en el suelo debajo de un árbol. Las semillas fueron creadas para multiplicarse. En esta verdad hallamos una realidad práctica y simbólica. Como seres humanos, descendientes de la primera pareja formada por el Creador para cuidar el jardín, somos responsables de encontrar y usar el objeto de cada semilla.

A menudo, cuando miramos una semilla no vemos más que la vaina. No acertamos a captar lo que ésta encierra *dentro*, su asombroso potencial: el poder de producir una planta, e incluso un árbol grande que da mucho fruto, cada uno de los cuales encierra multitud de semillas. Una semilla puede producir ¡todo un huerto! Uno de mis proverbios africanos favoritos lo expresa de este modo: *Se pueden contar las semillas de un mango, pero no los mangos que encierra la semilla.*

La esencia de una semilla es su potencial. Todo un futuro yace dentro de una diminuta semilla. Cuando Dios creó el universo, lo hizo virtualmente con un potencial ilimitado. Esto se aplica a toda vida creada: plantas, animales, humanos. Dios le creó con un potencial notable. ¿Lo ve cuando se mira en el espejo? Es verdad, lo vea o no lo vea. En realidad, la mayoría de nosotros, casi nunca acertamos a verlo. Si podemos imaginar el bosque que hay en la semilla, ¡cuánto más grande es el potencial de su vida!

Tenemos ejemplos de este «potencial de la semilla» por todas partes. Hace poco oí una hermosa historia de Cateura, Paraguay, donde una comunidad de personas vive de los ingresos de productos reciclados en un vertedero cercano. Un profesor de música de la comunidad tuvo la visión de edificar una «orquesta reciclada» con instrumentos fabricados con materiales procedentes del vertedero.[3] En un lugar en el que un violín cuesta más que una casa, hay jóvenes que están descubriendo el gozo de la música gracias a que alguien tuvo la idea de captar el poder de algunas «semillas» en la basura.

Desde luego, este mundo sufre mucha confusión. Pero concluir que la vida no tiene sentido es permitir que las adversidades conduzcan a la desesperanza. Por otra parte, ver el poder de la semilla, ver que Dios incorporó en la creación su intención de florecimiento humano, ver la resolución de Dios en la semilla es oír y prestar atención a la Palabra de Dios.

Cuando enseñé sobre este tema en Puerto Rico, dos estudiantes compartieron historias que ilustran este principio.[4] Erin nos contó que todos los años ella y su abuela plantan un huerto. «Nosotras no

---

3 Hay un documental sobre este proyecto; véase el «Vertedero armónico», Vimeo, 7 de septiembre, 2006, http://vimeo.com/52711779.
4 Historias usadas con permiso.

vamos a la tienda a comprar verdura; la cultivamos. Cuando plantamos, no solo vemos semillas. Vemos verdura. Vemos maíz en las mazorcas y ocra frita. Es nuestra comida».

Tito contó la siguiente historia:

> Un día, cuando tenía diecisiete años, me encontraba en el cine del centro comercial con mis amigos. Cuando salimos de allí vi dos tipos de unos dieciocho o diecinueve años. Al parecer, compartían una relación «romántica», se abrazaban y se besaban en público. Pero sus rostros reflejaban sufrimiento y vaciedad. Se me partió el alma. Me lamenté. Sabía que no habían sido creados para ese estilo de vida desordenado de dolor y drogas.
>
> Pensé, *¿Dónde estaría yo si no hubiera tenido un encuentro con Dios?* Isaías escribió: «Todos andábamos perdidos, como ovejas; cada uno seguía su propio camino, pero el Señor hizo recaer sobre él la iniquidad de todos nosotros» (NVI). (Cursiva del autor).
>
> Todos estamos aquí [en esta clase] porque alguien creyó en nosotros, nos predicó, creyó que podríamos ser lo que Dios destinó que fuéramos. *¿Dónde estaría yo si nadie hubiera visto el potencial que yo tenía?* No podía sacarme aquella imagen de la cabeza. Las personas que por allí pasaban parecían estar en su propio mundo, no les importaba que aquella pareja pereciera. Llegué a casa y oré que Dios les liberara y se les revelara. Tenemos que creer que Dios puede cambiar a las personas.

Lea

Lea Salmos 139:13-18; Jeremías 29:11; 42:12; Mateo 13:31-32.

¿Cómo interpreta usted el mensaje de estos pasajes?

¿Para qué propósito han sido creados usted y la creación?

¿Qué significa florecer?

¿Qué es lo contrario de florecer?

CREADOS PARA FLORECER

Como hemos visto, Dios creó las semillas con un potencial ilimitado. Las creó para asegurar el florecimiento. Y esa intención divina se extiende a toda la creación.

Consideremos varias palabras que son importantes para entender lo que pensamos sobre el florecimiento. Las siguientes definiciones se encuentran en el Webster de 1828.[5]

- *Prosperar*: «Crecer o aumentar; desarrollarse; obtener beneficio; como prosperar en un negocio. Nuestra agricultura, comercio y manufacturación prosperan actualmente».

- *Progresar*: «Prosperar en industria, economía y buena gestión de la propiedad; Mejorar en bienes y hacienda. Un granjero mejora gracias a sus buenos cultivos... Crecer; avanzar; aumentar o avanzar en cualquier cosa valiosa».

- *Florecer*: «1. Prosperar; crecer exuberantemente; aumentar y agrandarse, como una planta sana que crece. 2. Ser próspero; aumentar en riqueza u honor».

- *Fructificar*: «Muy productivo; producir fruto en abundancia; como un terreno fértil; un árbol fructífero; una temporada fructífera. 3. Generoso; abundante en cualquier cosa».

Reflexione
¿En su opinión qué destaca en la definición de estas palabras?
Ponga ejemplos de florecimiento y languidecimiento en su vida.
Y en su sociedad.

---

5 Noah Webster, American Dictionary of the English Language (1828). Disponible online en http://websterdictionary1828.com/. Cuando se fundó los Estados Unidos, el lexicógrafo y «padre de la educación estadounidense» Noah Webster compiló este diccionario, desarrollándolo a conciencia en el marco de una cosmovisión bíblica. Este es el Diccionario Estadounidense de la Lengua Inglesa, no el Diccionario Inglés de la Lengua Inglesa. Webster comprendió que la fundación de una nación libre como los Estados Unidos requeriría un diccionario que reflejara conscientemente la lengua de la libertad nacida del teísmo judeocristiano. En su trabajo «El notable papel que jugó la Biblia en la temprana educación estadounidense» (disponible en http://www.disciplenations.org/papers-articles-videos/), la Dra. Elizabeth Youmans señala que el desarrollo de esta obra «requirió el dominio de 26 idiomas. Además de investigar el significado etimológico de las palabras, también investigó palabras hebreas y griegas y las definió con arreglo a su uso en la Escritura... El Webster's 1828 es el único diccionario del mundo que incluye el significado bíblico de las palabras. Otras referencias al diccionario Webster proceden de esta fuente».

FLORECIMIENTO INTEGRAL

Como alguien ha observado sarcásticamente, no hay tal cosa como estar un poco embarazada. Lo mismo es cierto respecto al florecimiento. Por definición, el florecimiento acarrea un efecto integral. Un mago de los videojuegos, de diez años, que no sabe leer no está floreciendo. Un hombre que abandona a su familia no florece, ni tampoco su familia. Un empresario que trata mal a sus empleados no prospera, ni tampoco su negocio. Cuando un granjero descuida su campo, ni el hombre ni la tierra florecen. Una persona separada del amor de Dios no florece.

Al hablar de florecimiento hemos de hablar integralmente. La realidad es material y trascendente. Por supuesto, lo material se ve más fácilmente. Podemos ver pobreza o riqueza físicas. A menudo abordamos la pobreza física y no reconocemos la pobreza relacional. Solemos impresionarnos excesivamente con la riqueza material y no vemos la pobreza espiritual que le acompaña. La formación moral y espiritual es fundamental para las demás dimensiones del florecimiento humano. De hecho, como observa Elizabeth Youmans, la palabra hebrea que se traduce por «prosperar» no hace necesariamente referencia a la riqueza material, sino que significa «llevar a cabo la voluntad de Dios».[6]

El médico Lucas observó una vez que el Mesías «crecía en sabiduría y en estatura, y en gracia para con Dios y los hombres» (Lucas 2:52). Aquí hay varias observaciones dignas de mención. Fíjese en el crecimiento en sabiduría, así como en las dimensiones física, social, y espiritual. Como verdadero ser humano, Jesús creció físicamente desde el momento de su concepción durante los nueve meses de gestación. Después de su nacimiento, experimentó el crecimiento normal de la niñez y la juventud. Creció en estatura. Creció también en sabiduría, la aplicación moral de la verdad. En suma, el Mesías creció integralmente, floreció en todos los aspectos de la vida. ¡Qué indicación más clara es ésta de que Dios se interesa en todas las dimensiones de la vida! Se desvió de su camino para

---

6　Elizabeth L. Youmans, Jill C. Thrift, y Scott D. Allen, *La familia, base de una nación: Principios y costumbres para edificar familias sanas* (Editorial JUCUM, Tyler, Texas, Chrysalis International, Disciple Nations Alliance), 61.

que este detalle fuera incluido en la Biblia. El Mesías floreció integralmente, y este es el modelo de nuestro florecimiento. Hemos de crecer en sabiduría, físicamente, en nuestra relación con Dios y con otros seres humanos.

La insensatez no acierta a reconocer y admitir a Dios. La sabiduría ve a Dios y su verdad y la acerca a nuestra vida, es como sacar hermosa música del vertedero.

MARCO PARA FLORECER

He aquí otro aspecto importante del florecimiento —de nuevo, reflejo de un principio de la creación—. Para que algo florezca, debe funcionar conforme a su naturaleza y su designio. Imagínese una hermosa mariposa que no puede volar. O una ballena que no puede sumergirse. Si un hortelano ve que un hermoso manzano no da fruto, lo arranca.

En su maravilloso libro *The Evidencial Power of Beauty*, Thomas Dubay analiza esta idea: «Forma es la raíz profunda de la realidad de un ser, lo que le da su esencia. Es el principio actualizador de una cosa,[7] la misteriosa raíz primaria que hace que esa cosa sea lo que es, y de ese modo ser distinta de todas las demás. La forma interna (no precisamente la forma externa) de una palmera la distingue de un roble, una caña de maíz y una ardilla, aunque todas ellas estén compuestas de átomos».[8] Esta es otra manera de decir que cualquier cosa creada florece conforme a su naturaleza y designio intrínsecos. Como dice Dubay «el esplendor de un pato se limita a su "esencia" y la de un roble a la "suya"».

Naturalmente, el mismo principio es extensible a la humanidad. Para que un ser humano florezca, debe descubrir el plan *para el que* el Creador le diseñó y el propósito *para el* que lo creó. No estamos aquí como accidentes de largos eones de evolución. No somos meros animales o súper-consumidores. El ser humano fue creado a imagen de Dios. Nuestras vidas tienen sentido, y nuestras elecciones importan. La sabiduría nos enseña a funcionar de acuerdo con el propósito del Creador. Muchas personas nunca descubren esto.

---

7 Thomas Dubay, *The Evidential Power of Beauty: Science and Theology Meet* (San Francisco: Ignatius Press, 1999), 50.
8 Dubay, *Evidential Power of Beauty*, 43.

En consecuencia, sus vidas están marcadas por la insensatez, y no cumplen el increíble potencial que Dios les ha concedido. Además, su círculo de amigos y familia se pierden la bendición de su florecimiento. Conozco a un pintor de talento que por alguna oscura razón no ha pintado durante veinte años. Me pregunto cuántas personas se han perdido el gozo de ver los cuadros que esta persona no ha pintado, y el placer que Dios no ha sentido al ver que no ha cumplido todo el potencial de su talento.

LA SABIDURÍA Y LA INSENSATEZ

En la introducción se mencionó la insensatez como opuesta a la sabiduría. Volvamos a considerar algunas de las consecuencias de escoger la insensatez y no la sabiduría.

Una manera de reflexionar en la sabiduría en contraste con la insensatez es considerar la economía básica: ¿Cómo se materializan la sabiduría y la insensatez en el mundo financiero? Hallamos que gracias a la sabiduría se puede crear riqueza para bendecir a las familias y las sociedades. Pero cuando se destruyen o se roban riquezas, constatamos el fruto de la insensatez.

La sabiduría permite a los individuos y las naciones crear riqueza.[9] Las naciones en las que ha arraigado cierta medida de sabiduría han conseguido crear riqueza y provisto para que sus pueblos se sobrepongan a la pobreza.

Por otro lado, la insensatez, empuja a las personas y las naciones a hacer un mal uso de la riqueza.

A veces esto se presenta como robo. Otras, como malgasto de riqueza en una vida de derroche. Algunos destruyen riqueza mediante prácticas corruptas, incluidas políticas gubernamentales que ahogan la iniciativa. Hace poco visité Cuba. Cuba es un paraíso, con increíble potencial agrícola, y un pueblo imaginativo e innovador. Pero la política gubernamental ha sofocado el potencial de sus ciudadanos y empobrecido a su pueblo. Todas las conductas insensatas acarrean consecuencias. Cuando se viola el orden divino y se destruye riqueza, o se frena un potencial, se hace tambalear a otros (y a nosotros mismos) en vez de ayudar a florecer.

---

9 Hemos escrito en otras páginas acerca de las características de los países que estimulan el desarrollo de la riqueza. Véase Darrow L. Miller, *Reformulación de la justicia social: Restauración de la compasión bíblica* (Editorial JUCUM, Tyler, Texas, 2015).

Pero no toda riqueza, ni toda pobreza, es material. Ambas son generales en la naturaleza. En una visita a la ciudad de Nueva York, la madre Teresa hizo una observación que sin duda sorprendió a muchos: «Nunca he visto tanta pobreza como la que he visto aquí». Uno podría considerar a la madre Teresa experta en cuestiones de pobreza, de manera que su declaración tiene sentido. Rodeada del oropel, el encanto y la opulencia de la ciudad más famosa de los Estados Unidos, ella vio pobreza. ¿Qué quiso decir? ¿Hablaba de pobreza moral y espiritual? La sabiduría nos llama y nos permite desarrollarnos íntegramente, pero la pobreza integral resulta de la insensatez.

La gente que trabaja en el mundo financiero habla mucho de «capital» ¿Qué es el capital? El diccionario Webster de 1828 ofrece la siguiente definición: «La suma de dinero o acciones que un comerciante, banquero o fabricante emplea en su negocio; ya sean acciones originales o acciones incrementadas. También, la suma de dinero o acciones con las que cada socio contribuye al fondo común o inventario de la sociedad; también, el fondo común o acciones de la empresa, sea o no incorporada».

Mayormente, cuando la gente habla de capital, se refiere a recursos materiales. Pero al igual que no toda la riqueza o pobreza es material, no todo el capital es material. Hay un capital metafísico intrínseco en cada ser humano. Los seres humanos fueron creados a imagen del Creador. Tienen la capacidad de desarrollar nuevas ideas, soñar nuevos sueños, imaginar nuevos mundos. Mire a su alrededor. Todo lo que ve más allá del mundo natural procede del capital que Dios ha concedido al ser humano. Todo libro que se ha escrito, todo edificio que se ha construido, toda canción que se ha compuesto, toda tecnología que se ha inventado, toda escultura esculpida, todo jardín cultivado —todos ellos llegaron a buen término gracias al capital metafísico de la mente humana.

La sabiduría nos invita a gestionar este capital interno, así como el capital externo de la creación, a imitar la actividad creativa de Dios produciendo cultura que glorifica a Dios.

Enciclopedia: El círculo del conocimiento.

Una manera de representar esto es el Círculo de Conocimiento (véase la fig. 2).[10] Empezando por arriba vemos que Dios es el primer Creador. La obra ex nihilo (de la nada) resultó en la primera creación (cosas). Dios creó el universo con misterios incorporados. Lo hizo así con la intención de que el hombre explorara la creación y descubriera sus misterios. «Gloria de Dios es encubrir un asunto; pero honra del rey es escudriñarlo» (Prov. 25:2).

El hombre, creado a imagen de Dios, es el segundo creador. Descubre la verdad que Dios ha puesto en la creación. El hombre descubre en tres «libros»: el libro de la revelación conocida en las Escrituras, el libro de la naturaleza conocida inductivamente por medio de los sentidos, y el libro de la mente —la lógica—».[11] El hombre descubre y después imita al Creador. Dios crea de la nada; el hombre crea a partir de la materia prima de la primera creación y produce tecnología, sistemas e ideas. El hombre crea para la gloria de Dios. Manifiesta al Primer Creador y la primera creación a través de su actividad creativa.

Antes mencionamos el Vertedero armónico. Los niños descubrieron hermosura en el vertedero de basura. Transformaron «residuos» en instrumentos musicales y música inspiradora. Este es un ejemplo de la segunda creación.

10 David Hill Scott, *"A Vision of Veritas: What Christian Scholarship Can Learn from the Puritan's 'Technology' of Integrating Truth"*, visitada el 11 de noviembre de 2016, http://www.leaderu.com/aip/docs/scott.html
11 Scott, *"Vision of Veritas."* Este paradigma de tres libros fue ideado por Juan Comenio, educador checo y reformador moravo del siglo XVII.

Cuando creamos arte y cultura, imitamos a Dios. Hemos de crear arte y cultura que honre al Primer Creador y refleje su creación primaria. Si lo hacemos, proporcionamos gloria a Dios y gozo a nuestros semejantes. Al final de la historia, esto culminará con una tierra llena del conocimiento de Dios. Nada de esto podría tener lugar en un mundo surgido por generación espontánea. Muchas personas tienen un conocimiento intelectual de esto, pero no viven sabiamente.

MODELOS DE FLORECIMIENTO

Antes hicimos referencia a las múltiples dimensiones del crecimiento del Mesías: tanto en sabiduría como en las dimensiones física, social y espiritual.

Jun Vencer es presidente del consejo de la *Alliance Graduate School* en las Filipinas. El Dr. Vencer es uno pensadores más destacados del mundo en desarrollo holístico. Ha resumido el concepto de florecimiento a nivel nacional del siguiente modo:

- justicia personal y nacional
- suficiencia económica para todos
- paz social duradera
- justicia pública duradera, aun para los más pobres de los pobres[12]

EL ORDEN DE LA CREACIÓN

El orden y el desorden se oponen entre sí. Dios estableció orden en la creación. La prosperidad humana resulta de observar el orden incorporado en la creación. Del mismo modo, abandonar el orden —ir en pos del desorden— resulta en marchitamiento. El orden de la creación de Dios afirma la sacralidad de la vida humana, del matrimonio entre un hombre y una mujer, la dignidad del trabajo. Cuando estos principios de la creación se tergiversan o se abandonan, sobrevienen el desorden y la pobreza.

---

12 Contado a Darrow por Roy Wingerd, colega de Jun Vencer, en el fórum ADN en Phoenix, Arizona, el 16 de abril, 2002.

En un debate en clase sobre este tema, una joven llamada Nilka refirió la siguiente historia:

> En Puerto Rico tenemos una generación que ni trabaja ni estudia. La llamamos *nini*. Tienen más de veinte años y capacidad de trabajar, pero no se sienten culpables por depender de otros. Piensan así: *El trabajo es malo. ¿Por qué trabajar?* Si pueden depender y aprovechar de sus padres o abuelos.
> Uno de esos jóvenes quiso salir conmigo. Yo codirigía un grupo de jóvenes y tenía obligaciones. Le dije: «Tengo responsabilidades, de modo que si quieres ayudarme puedes pasar el rato y echarme una mano». Él aceptó. Entonces conoció a otros chicos más jóvenes del grupo. Conoció a personas que no eran como sus amigos, cuya conducta era decepcionante. Los miembros del grupo de jóvenes le trataban bien, con respeto, no le animaban a hacer cosas malas. Él notó la diferencia entre la cultura del grupo y la de sus amigos. A veces íbamos a la biblioteca de la universidad. Él se sentaba y se limitaba a verme leer. «¿Qué haces?», me preguntaba. «¿Qué estás leyendo?». Entonces empecé a leer en voz audible para ayudarle a aprender. Comenzó a ampliar su conocimiento como nunca antes porque nunca había estudiado. Estudiamos las neuronas en el cerebro. Le expliqué lo que es una neurona como se lo explicaría a un niño. De este modo yo aprendía y él también. Poco a poco fue descubriendo a Dios, así como indagando en temas de política, ciencia y psicología. Esto sucedió durante un semestre. Actualmente cursa estudios en una escuela de formación profesional y estudia refrigeración. Está muy contento y figura como el primero de la clase.

Por supuesto, el tipo de personas a quienes los portorriqueños llaman *ninis* viven en muchos lugares. En agosto de 2013, Fox News retransmitió un reportaje especial titulado «El bingo de las estampillas para conseguir comida gratis». Fox hizo una encuesta que mostró que el 74 por ciento creía que «los estadounidenses dependen demasiado del Estado y no lo suficiente de sí mismos». El ejemplo más claro fue el de un joven de veintinueve años llamado Jason Greenslate. En la emisión, Greenslate contó al entrevistador que era un holgazán de playa que vivía felizmente de subsidios, participaba en juergas y comía langosta con los cupones de comida emitidos por el gobierno. «¿Por qué no?», se cuestionó.

La pregunta de Greenslate capta efectivamente el meollo del asunto. Si el universo es producto del azar reproducido durante incontables años de evolución, si no hay Creador que formó y sustenta el mundo que nos rodea, si no hay realidad metafísica... ¿por qué se ha de intentar vivir conforme a orden alguno?

La evidencia sugiere lo contrario.

2

LA SABIDURÍA SOSTIENE EL UNIVERSO

El finado doctor Howard Hendricks, del Seminario Teológico de Dallas, tenía reputación de ser un profesor muy eficiente. Uno de sus temas giraba en torno a la importancia de la escucha cuando uno se halla en presencia de la grandeza. Hendricks contaba la historia de un vuelo en el que viajó sentado junto al famoso actor Charlton Heston, quien hizo de Moisés en la película *Los Diez Mandamientos*, de Cecil B. DeMille, estrenada en 1956. Para Hendricks fue una oportunidad para hacer preguntas, escuchar y aprender. Pero algunas personas pierden la ocasión intentando impresionar a individuos de la estatura de Heston, en vez de escucharles. Como el joven que lee un libro sobre economía e intenta dar lecciones a su padre, un empresario de éxito, sobre mercados y beneficios. O como el guitarrista adolescente que intenta lucirse ante un músico profesional. O la cocinera principiante que en una fiesta trata de explicar a una cocinera experta cómo se guisa el pollo.

Debemos reconocer el valor de los que han conseguido notoriedad a lo largo de una vida de disciplina y rendimiento continuado. Ellos tienen mucho que impartir, y podemos aprender de ellos. Los sabios saben cómo escuchar a personas como esas.

Si esto es así, cuánto más importante y valioso es prestar atención al Dios que creó el universo. El que dio la existencia es el mismo que preserva, gobierna y dirige la creación. Él creó con sabiduría;

sostiene con sabiduría. En este capítulo y en el siguiente conside-raremos tres partes de esta verdad. Primero, la sabiduría sostiene el universo a través de tres corrientes convergentes: las leyes de la creación, la providencia divina y la obediencia del hombre. Si deseamos florecer, si queremos alcanzar todo lo que Dios desea para nosotros, tenemos que tener una idea clara de estos tres aspectos de la sabiduría.

LA SABIDURÍA SOSTIENE EL UNIVERSO POR LAS LEYES CREADAS

Dios gobierna el universo por medio de leyes y ordenanzas. Usamos la expresión *leyes de la creación* para describir estas leyes, que a grandes rasgos, se clasifican en tres categorías: verdad (leyes físicas y metafísicas), belleza (leyes estéticas), y bondad (leyes morales).

La verdad, otro término para realidad, abarca tanto el ámbito físico como el metafísico, la manera en que existe realmente el universo externo a nosotros y la cosmovisión (la manera en que vemos el mundo).

Las leyes físicas que ayudan a describir el universo físico no son leyes en el sentido de mandamientos como «No hurtarás» o «Pare». En este caso «ley» hace referencia a ley física, o ley de la naturaleza. El diccionario Webster 1828 define ley como «la determinación de un cuerpo a ciertos movimientos, cambios y relaciones, que ocurren uniformemente en las mismas circunstancias».[1] Entre éstas están la ley del movimiento descubierta por Johannes Kepler, la ley de la gravedad descubierta por Isaac Newton y las leyes de la termodinámica. Todas estas leyes son necesarias para sostener la vida humana sobre la tierra.

Las leyes metafísicas son el «marco interno». Por ejemplo, Thomal Cahill escribe acerca del «Templo del Espíritu, un paisaje interno de ideas y sentimientos».[2] Nuestra cosmovisión, nuestra

---

1 Continúa señalando que «estas tendencias o determinaciones, ya se llamen leyes, ya afecciones de la materia, han sido establecidas por el Creador, y se denominan, con una feliz y peculiar expresión bíblica, ordenanzas del cielo».

2 Thomas Cahill *El legado de los judíos: El modo en que una tribu de nómadas del desierto cambió el modo de pensar y sentir* (Madrid: Debate, 2000).

infraestructura mental, entraña leyes metafísicas.[3] Éstas incluyen la idea de la naturaleza del universo trascendente (relacional), (hemos sido creados a imagen de Dios), y la creación misma (es más que material, es un sistema abierto).[4]

La belleza o hermosura se circunscribe al orden estético. La belleza es una ley, una norma objetiva, lo mismo que la verdad. ¿Parece improbable? Muchas personas, incluso las que creen en la verdad absoluta, son relativistas por lo que toca a la belleza. Está de moda declarar: «La belleza está en el ojo del observador». Yo también lo afirmé hasta que fui retado por el libro de Thomas Dubay, ya mencionado, *The Evident Power of Beauty*. El autor argumenta que la belleza procede de Dios. De todo lo que es hermoso, Dios es el más hermoso. Así pues, la naturaleza hermosa de Dios establece el criterio para la belleza. La belleza no está en el ojo del observador. Desde luego, todos tenemos nuestros colores favoritos; algunos prefieren el rojo al azul. Pero eso no significa que la belleza misma sea una cuestión plenamente subjetiva. Este es un concepto del relativismo moderno. La belleza está en la gloria de Dios.

Finalmente, llegamos a la palabra que capta el orden moral: bondad. El relativismo ha destruido buena parte de la idea de belleza. Hace cuarenta años el teólogo Francis Schaeffer señaló que decir a una joven moderna que «sea buena chica» tenía cada vez menos sentido. La pérdida de un código moral objetivo en Occidente ha supuesto dolor y perjuicio inenarrables. Por el contrario, los Diez Mandamientos representan el orden moral del universo. Estos no son códigos morales arbitrarios del orden «nada de camisa, zapatos o servicio». Son leyes. Guardarlas es andar en la senda del florecimiento; abandonarlas conduce a la muerte. Dios creó el universo para que funcionara sometido a leyes. Lo gobierna a través de sus leyes de la creación.

La verdad, la belleza y la bondad, las tres derivan de Dios. Todo lo que es verdadero refleja a Dios, que creó el universo en verdad,

---

3   Con referencia a la «metafísica», Webster nota lo siguiente: «La división natural de cosas que existen en cuerpo y mente, cosas materiales e inmateriales. Las primeras pertenecen a la física, y las segundas a la ciencia de la metafísica».

4   Para más detalle, consúltese Darrow L. Miller, *Discipulando naciones: El poder de la verdad para transformar culturas*, (Editorial JUCUM, Tyler, Texas, 2018).

que habita en la esfera de la verdad, que inventó todo lo que es verdadero. Todo lo que es falso se opone a Dios y su naturaleza. Del mismo modo, todo lo que es bello, todo lo que es bueno, evoca la belleza suprema y la bondad de Dios.

La sabiduría y las leyes de Dios son inseparables.

Lea

Lea Deuteronomio 4:5-6; Deuteronomio 29:9; Salmo 19:7-10.

¿Qué revelan estos versículos acerca de la sabiduría y las leyes de Dios?

LEYES DE LA CREACIÓN

En el patio trasero de Gary, una valla divide su propiedad con la de su vecino. Algunas personas opinan que las vallas y las lindes son malas. Que son demasiado rigurosas, demasiado egoístas. Pero los límites bien definidos ayudan a establecer relaciones pacíficas. En un país ganadero donde es importante mantener el ganado separado, he oído opinar: «Buenas cercas hacen buenos vecinos». Sin cercas el ganado se mezcla, y pronto surge confusión respecto a quién es el propietario de unas u otras vacas. La cerca que hay entre mi vecino y yo establece un límite muy útil.

Del mismo modo, vivimos en un universo con demarcaciones. Las leyes de la creación establecen división entre la verdad y la falsedad, el bien y el mal, la belleza y la deformidad. Revelan la dirección en la que avanza una persona o nación: vivir o morir, florecer o perecer.

El universo tiene delimitaciones. Puede que no nos gusten, pero son reales. Y, como aclarará una breve reflexión, son útiles. Importantes. E incluso necesarias.

Lea

Lea Salmo 33:11; Isaías 14:24; Malaquías 3:6; Hebreos 13:8; Santiago 1:17.

¿Qué revelan estos pasajes acerca de los dos puntos siguientes?

- La naturaleza de Dios

- La naturaleza de las leyes y ordenanzas de Dios

LAS LEYES DE DIOS SON INMUTABLES

La Biblia enseña la inmutabilidad de Dios: Él no cambia. «Dios es inmutable en la perfección de su naturaleza, carácter, propósitos (voluntad), y promesas».[5] Las leyes de Dios son también inmutables.

Desde el principio tú fundaste la tierra,
Y los cielos son obra de tus manos.
Ellos perecerán, mas tú permanecerás;
Y todos ellos como una vestidura se envejecerán;
Como un vestido los mudarás, y serán mudados;
Pero tú eres el mismo,
Y tus años no se acabarán (Sal. 102:25-27).

La uniformidad de las leyes de la naturaleza revela continuamente la inmutabilidad de Dios. Sus leyes siguen siendo hoy lo que fueron al principio de los tiempos. Están vigentes en todos los rincones del universo. No menos estables son las leyes que regulan la operación de la razón y la conciencia. Todo el gobierno de Dios como Dios de la naturaleza y como regente moral descansa en la inmutabilidad de su consejo.

Antes señalamos la gravedad como ejemplo de ley de la creación. La gravedad es inevitable. Siempre está vigente. El hecho es que las leyes de Dios son inmutables (inalterables) e inviolables (inquebrantables). Esto forma parte del designio del universo, reflejo de la voluntad de Dios. Thomas Dubay asegura que la creación es «increíblemente específica». El universo fue diseñado con objeto de acoger la existencia de los seres humanos. Dubay cita a R. P. McCabe: «Las condiciones en el momento cero más una milésima de segundo fueron las que fueron precisamente porque permitieron la vida humana. Hay, científicamente hablando, una relación imprescindible entre los primeros segundos del universo físico observable y el hombre».[6] Y sigue diciendo: «El universo requiere fórmulas matemáticas increíblemente complejas para explicar cómo es y cómo funciona. Lo cual, por supuesto, significa que precisa de una

---

5 Dr. Todd Miles, profesor asociado de teología del Western Seminary, THS 501 notas de clase.
6 R. P. McCabe, "Scienceand the Origins of Life," *Doctrine and Life*, 131. Citado por Thomas Dubay, T*he Evidential Power of Beauty: Science and Theology Meet* (San Francisco: Ignatius Press, 1999), 216.

Mente suprema que lo hace ser lo que es. Ningún libro de álgebra o de geometría surge por cambios al azar».[7]

El universo fue constituido de acuerdo con el propósito de Dios. Los seres humanos tienen que vivir dentro de esta forma para florecer. Estamos sujetos a leyes y ordenanzas reales —decretos del orden divino de la creación que gobiernan nuestras vidas.

La libertad se descubre cuando se reconoce esta verdad y se vive según este designio, el lugar donde vivimos más plenamente. Por otro lado, ignorar o rechazar esta verdad, negarse a vivir dentro de este plan, resulta en esclavitud. En el agua, un salmón es perfectamente libre. Se halla en el medio ideal para encontrar comida y desarrollarse. Un salmón que decidiese abandonar ese ambiente, vivir en una ribera cubierta de hierba, no sería libre. Tampoco sobreviviría. Un pelícano que vuela libremente sobre aguas costeras con sus compañeros en busca de un bocado de anchoas es imagen de la criatura que vive en la libertad del designio divino. Si tal ave decidiera que *quiere nadar en el mar*, perdería muy pronto su libertad. Un pez ha sido creado para nadar, un pájaro pera volar.[8]

La misma verdad es aplicable al mundo de la tecnología. La Compañía Boeing fabrica vehículos para volar, no para correr por raíles paralelos de acero. Este ámbito pertenece a las locomotoras.

Lea

Lea Deuteronomio 11:8-9; Proverbios 4:20-22; 8:35-36.

Describa la relación entre vivir en el marco de las leyes de Dios y experimentar vida y bienestar.

Describa la relación entre rebelarse contra las leyes de Dios y experimentar enfermedad y muerte.

VIDA Y MUERTE

Robert Sadler nació en 1911 en el seno de una familia de aparceros en Carolina de Sur. A los cinco años, fue vendido como esclavo. Relata

---

7 Dubay, *Evidential Power of Beauty*, 201.

8 Una excepción son las aves marinas que nadan bajo el agua aunque en irrupciones breves.

su conmovedora historia en su libro *The Emancipation of Robert Sadler: The Powerful True Story of a Twentieth-Century Plantation Slave.*[9]

> «Vayan junto a la casa y quedense ahí», nos ordenó mi padre. Hicimos como se nos mandó y cuando nos dimos la vuelta, su carruaje avanzaba por el camino que habíamos venido. Le llamé, pero no volvió la cabeza. Entonces Pearl le llamó: «Padre, espera. No nos dejes». Y ella corrió detrás del carruaje. Pero fue inútil. Padre ni siquiera la miró. Su intensa mirada estaba puesta en el camino que tenía por delante, y no prestó atención a nuestras súplicas y gemidos.
>
> El carruaje desapareció por el camino que daba a la carretera. Pearl, Margie y yo nos quedamos temblando junto a la casa, con los pies hundidos en la tierra fría. Corría la primavera de 1917 y mis hermanas y yo acabábamos de ser vendidos como esclavos.

Robert escapó audazmente de la esclavitud en 1925, sesenta y dos años después de la proclama de la Emancipación. No obstante, muchas personas en su comunidad continuaron sufriendo como esclavos. Un país puede ilegalizar la esclavitud, pero esto no elimina la mentalidad esclavizadora de sus ciudadanos.

Hace poco vi otra ilustración de este principio en Brasil. Mi anfitrión me llevó junto a un basural para mostrarme unos apartamentos que el gobierno había construido para la gente que vivía en ella. Dotaron los apartamentos con electricidad, agua corriente e inodoros con cisterna. Trasladaron a todos los que vivían allí a los apartamentos. Pero seis meses después la gente vivía otra vez en el basural. Algún miembro del gobierno había tenido la compasiva idea de edificar apartamentos para aquella gente. Pero no tuvieron en cuenta «el basural» que había en su cabeza. Fue difícil sacar a la gente del basural; pero más aún sacar el basural de la gente. Cambiar la manera en la que pensamos acerca de nosotros mismos, lo que hemos considerado siempre «normal» exige un cambio de cosmovisión.

Cuando escogemos vivir fuera del marco de las leyes de la creación, experimentamos consecuencias trágicas: alienación, fealdad, destrucción y muerte. Del mismo modo, vivir dentro de ese marco generalmente resulta en una vida más abundante. E. Stanley Jones, en su libro *The*

---

9 Robert Sadler con Marie Chapian, *The Emancipation of Robert Sadler: The Powerful True Story of a Twentieth-Century Plantation Slave* (Minneapolis: Bethany House, 2012), 30.

Unshakable Kingdom and the Unchanging Person, se hace eco de la observación de un cirujano sueco: «He descubierto el reino de Dios en el extremo de mi bisturí —está en los tejidos—. La cosa moralmente recta, la actitud cristiana, es siempre físicamente lo más sano».[10] El cirujano ve la realidad, el reino de Dios, la evidencia de su creación en el cuerpo humano. No ve mero tejido, sino la vida ordenada por Dios.

Lea

Lea el Salmo 19:7-14.

¿Cómo describe el salmista David los mandamientos de Dios?

Haga una lista de cómo describe
- Su naturaleza
- Sus beneficios

¿Quién disfruta del beneficio de observar las leyes de Dios? ¿Son solo los judíos y los cristianos? ¿Por qué sí o por qué no?

LA NATURALEZA DEL UNIVERSO

Gary conversó con un hombre en un avión, le dijo que nada de lo que vemos es real. Que todo esto —el avión, la gente, las nubes visibles al otro lado de la ventana— no era más que una ilusión. Gary le comentó que él había pasado por un montón de molestias (reservar el viaje, comprar el billete, programar su calendario, conducir hasta el aeropuerto, etc.) por una ilusión, y a pesar de todo no se había desalentado.

¡Mire en derredor! En contra de las enseñanzas del hinduismo, el universo es real. No es *maya*, ilusión, como enseña el hinduismo.[11] Tampoco es el universo meramente material, como dirían los secularistas, intentando negar los ámbitos moral y espiritual.

Más aún, el universo es bueno. El Creador así lo declara. Al

---

10   E. Stanley Jones, *The Unshakable Kingdom and the Unchanging Person* (Nashville: Abingdon, 1972), 54.

11   Para no abordar aquí este tema a fondo, diremos simplemente que nadie puede vivir consecuentemente con una mentalidad hinduista que niega la realidad de la creación objetiva. Las palabras de Pablo son aquí pertinentes: «porque lo que de Dios se conoce les es manifiesto, pues Dios se lo manifestó. Porque las cosas invisibles de él, su eterno poder y deidad, se hacen claramente visibles desde la creación del mundo, siendo entendidas por medio de las cosas hechas, de modo que no tienen excusa» (Rom. 1:19-20).

contrario que las religiones orientales que conciben el mundo como un lugar del que hay que huir, la Biblia asigna valor a la creación incluso después de la Caída. Su Hacedor afirma que es buena.

Del Señor es la tierra y todo cuanto hay en ella,
el mundo y cuantos lo habitan;
porque él la afirmó sobre los mares,
la estableció sobre los ríos (Salmos 24:1-2, NVI).

La creación es un todo completo e integral, material y espiritual. Se caracteriza por el orden, no por el caos. El Creador espera que el mundo material —personas, comunidades y naciones— florezca, progrese y no permanezca inmóvil. Los seres humanos no deben empobrecer. Al contrario.

Antes comentamos la necesidad universal de demarcaciones. Mencionamos que las leyes de la creación funcionan como linderos. Retomemos este concepto para profundizar un poco. Los límites pueden ser físicos, morales, metafísicos o estéticos. La gravedad es un ejemplo de límite físico. Es fácil verla en acción, cada día, a cada momento. Un bebé en una silla alta descubre encantado la ley de la gravedad —deja caer comida y ve que se aleja y esparce en el suelo—. El mismo bebé que aprende a andar, o el niño que aprende a montar en bicicleta, descubren que el límite de la gravedad es menos agradable.

La creación también incluye barreras morales. Esto lo hallamos en el Decálogo, también conocido por los Diez Mandamientos. En estas diez leyes, el Creador trazó un círculo en torno a la conducta humana que lleva al florecimiento, conductas que bendicen a otros y producen gozo a uno mismo. Cuando violamos este límite moral —cometiendo adulterio, por ejemplo— acarreamos daño y tristeza a nosotros mismos, nuestro cónyuge, hijos y otros. Lo mismo que podemos resultar físicamente heridos si ignoramos la ley de la gravedad, resultaremos heridos personalmente (y a menudo de manera permanente) si ignoramos los límites morales.

Una tercera categoría de demarcación en la creación es la metafísica, es decir, los aspectos de la verdad que tienen que ver con la naturaleza de Dios, el hombre y la creación. ¿Cómo es Dios? ¿Qué sentido tiene el ser humano? ¿Cómo colaboran las diversas partes y dimensiones del universo? Cuando respondemos estas cuestiones tratamos con barreras metafísicas. Por ejemplo, cuando aceptamos la idea de que el hombre es un animal, producto de generación espontánea que ha evolucionado gradualmente de formas sencillas de vida a través de eones de tiempo, traspasamos la linde metafísica de la creación que establece que el hombre es una criatura hecha a imagen de Dios. Cuando rebajamos a Dios a un plano inferior al de Creador infinito y eterno, traspasamos las barreras metafísicas que gobiernan la vida y sufrimos a causa de ello.

Finalmente, la creación incluye límites estéticos, como comentamos anteriormente en torno a la idea de la norma objetiva de belleza basada en la naturaleza de Dios.

Prepare
Lea el Salmo 19:1-4; Proverbios 25:2; Romanos 1:19-20.
¿Qué hace la creación?
¿Cuál es el papel de la humanidad?

LA CREACIÓN COMUNICA

Todo lo que hemos comentado hasta aquí implica un principio fundamental al que ahora nos volvemos: Dios no está callado. Él ha hablado. Se ha revelado a sí mismo. El término *revelación* significa lo que no podemos conocer a menos que Dios nos lo muestre. Pero Él nos lo ha mostrado. Dios nos ha revelado cosas. Nos muestra su existencia y su naturaleza a través de los «libros» de revelación: el libro que los teólogos llaman revelación especial —la Biblia—, y el libro común a todos los seres humanos—la creación—. Éste último incluye el libro de la naturaleza y el libro de la razón. La verdad se halla en la intersección de estos tres libros: la Biblia, la naturaleza y la razón, siendo la Biblia la autoridad suprema de los tres. La Figura 3 representa un antiguo sello de la Universidad de Harvard, que representaba los tres libros de la Escritura, la naturaleza y la razón.[12]

---

12   «La verdadera, auténtica, forma de filosofar es extraer todas las conclusiones de la Escritura, la razón y los sentidos». Citado y traducido del latín por Rand, "Liberal Education in Seventeen-Century Harvard," 539. Véase David Hill Scott, "A Vision of Veritas: What Christian Scholarship Can Learn from the Puritan's".

Note que un libro está boca abajo; esto da a entender los límites de la razón humana y la necesidad de la revelación de Dios.[13]

La creación revela la existencia de Dios y su naturaleza; éstas son «entendidas por medio de las cosas hechas» (Rom. 1:20). La creación revela a Dios a todos los que la observan por dos vías: los sentidos, es decir, la ciencia (según argumentaba Aristóteles), y la razón (según argumentaba Platón). Si creemos que el mundo natural —el universo— es obra de un Creador, se sigue que la creación dice algo de Él. Miremos más detenidamente al libro de la ciencia (la naturaleza) y al libro de la razón.

La ciencia testifica que Dios creó el universo sabiamente: está ordenado; se somete a sus ordenanzas y es inteligible. El hombre ha sido creado a imagen y semejanza de Dios y por tanto puede explorar el universo que Dios ha creado. Puede descubrir sus secretos ocultos y destapar sus códigos. Como dijo el salmista, el *universo comunica*:

Los cielos cuentan la gloria de Dios,
y el firmamento anuncia la obra de sus manos.
Un día emite palabra a otro día,
y una noche a otra noche declara sabiduría.
No hay lenguaje, ni palabras,
ni es oída su voz.
Por toda la tierra salió su voz,
y hasta el extremo del mundo sus palabras (Sal. 19:1-4).

---

13 Georgia Purdon, "Harvard: No Longer 'Truth for Christ and the Church,'" Answers in Genesis, 11 de octubre, 2011, http://blogs.answersingenesis.org/blogs/georgia-purdom/2011/10/11/harvard-no-longer-truth-for-christ-and-the-church. 'Technology' of Integrating Truth," nota 29, visitada el 11 de noviembre, 2016, http://www.leaderu.com/aip/docs/scott.html#text29

La creación de Dios declara su gloria, día tras día, por todas las generaciones, hasta los confines de la tierra. La creación es una fuente constante de revelación de la existencia y la gloria de Dios.

Asimismo, el apóstol Pablo escribió a los romanos: «Porque la ira de Dios se revela desde el cielo contra toda impiedad e injusticia de los hombres que detienen con injusticia la verdad; porque lo que de Dios se conoce les es manifiesto, pues Dios se lo manifestó. Porque las cosas invisibles de él, su eterno poder y deidad, se hacen claramente visibles desde la creación del mundo, siendo entendidas por medio de las cosas hechas, de modo que no tienen excusa» (Rom.1:18-29).

Consideremos el conocimiento aquí revelado:

- Dios se ha revelado a todo el que ve.

- Lo ha hecho a través de su creación.

- Ha revelado

  ◊ la realidad de la existencia;

  ◊ algunos de sus atributos invisibles, esto es, su poder eterno y naturaleza divina

- Estas cosas no están escondidas, sino que son *claramente* visibles.

- Han sido reveladas a todos los pueblos, en todos los tiempos, desde el principio del mundo.

- Estas cosas son tan claras que ningún ser humano tiene excusa para ignorar a Dios. Nadie puede decir: «Yo no lo sabía».

- Los que niegan a Dios *suprimen activamente* la verdad.

Por esta razón, Dios debe ser buscado y reconocido en toda la creación —en lo natural, lo sobrenatural, y su milagrosa intervención en la historia—. De hecho, desde el punto de vista bíblico no hay tal cosa como un ateo. Como vimos en las palabras de Pablo, la verdad es evidente para ellos: Dios se la hizo manifiesta, pero ellos han suprimido la verdad. Todo el mundo sabe que Dios existe, pero escogen suprimir ese conocimiento, lo reprimen, lo descartan, lo alejan de su mente. Esto es necedad y conduce al quebranto y la desesperanza.

Un tercer libro de revelación es el libro de la mente. El hombre, creado a imagen de Dios, posee razón, creatividad, emociones y voluntad. El hombre tiene capacidad para descubrir las leyes de la naturaleza y la naturaleza de Dios, «para pensar sus pensamientos», como dijo el científico alemán Johann Kepler. La capacidad humana para razonar, para usar la lógica, es un don del Creador y Él desea que lo usemos.

Algunos sistemas de creencias fundamentalistas rechazan el uso de la razón humana. La mente humana es considerada como un inconveniente a evitar en vez de un activo que hay que usar. Pero este enfoque paraliza el crecimiento y el florecimiento humanos. Los seres humanos son creados a imagen de Dios (*imago Dei*). Pueden considerar su propia existencia, su creatividad, sus anhelos de amar y ser amados, y concluir que la vida es más que la mera existencia física.

Los tres libros de revelación —la naturaleza, la Biblia y la razón— son necesarios para guiar el florecimiento humano. Cuando los tres libros de revelación se juntan, el efecto resultante es conocimiento, entendimiento y sabiduría.

LA SABIDURÍA SOSTIENE EL UNIVERSO POR LA DIVINA PROVIDENCIA

He aquí un segundo principio acerca de cómo la sabiduría sostiene el universo: lo hace por la divina providencia. Dios actúa providencialmente a través de sus leyes para sostenerlo.

La providencia trata de la preservación divina y su gobierno del universo. Con sabiduría y por medio de la sabiduría, Dios preserva (sostiene) la creación. Puede ser útil pensar en esto en dos partes o principios: (1) Dios incorporó orden en el universo; estableció ordenanzas; y (2) gobierna a través de dichas ordenanzas.

Lea
Lea Colosenses 1:15-17; Hebreos 1:2-3.
¿Qué revelan estos versículos acerca de la implicación divina en el universo?

DIOS INCORPORÓ ORDEN EN LA CREACIÓN

Dios incorporó orden en el universo. Estableció lo que a veces se denomina *ordenanzas de la creación* o límites en la misma.

Antes de explorar las ordenanzas de la creación, hemos de hacer una observación pertinente: Dios existe fuera de la creación. Esto puede parecer redundante a algunos lectores, pero muchas personas no operan con esta noción esencial de la relación entre Dios y el universo. Los teólogos distinguen entre Creador y criatura. Dios existe y existe todo lo demás. Todo, aparte de Dios, fue por Él creado. Dios trasciende la creación. Él es trascendente. Él existía antes que fuera el universo y sigue existiendo fuera de él.

Y sin embargo, Dios no está lejos. En realidad, Él es inmanente así como trascendente. Está muy presente en el universo, y su presencia incluye actividad, obra, gobierno. Dios actúa en el espacio y en el tiempo; gobierna providencialmente la creación. Esto se puede considerar cosmovisión bíblica.[14]

Un experto lo expresa así: «Podemos definir la Providencia Divina como Sabiduría Infinita, el uso de poder infinito para alcanzar los objetivos de infinita santidad y amor».[15]

COSMOVISIÓN Y PROVIDENCIA

La providencia se puede describir, en general, como la relación entre Dios y sus criaturas, especialmente los seres humanos, que son vice-regentes de la creación. Como todo lo demás, la visión personal de esta cuestión forma parte de la imagen más amplia de la visión personal de la realidad. Lo cual es otra manera de decir: de la cosmovisión personal.

¿Participa Dios activamente en los asuntos mundanos? Quizá observa impasiblemente el «juego» de la historia humana desde lo alto. O quizá no existe Dios. O quizá lo que pensamos que es «Dios» es en realidad una fuerza impersonal que actúa a través del mundo que vemos, que da vida y unidad a todos los seres vivos pero no es realmente una persona.

---

14 Véase Sal. 89:11; 115:16; Col. 1:17; Heb. 1:3.
15 Wilbur F. Tillett, "Providence," en The International Standard Bible Encyclopedia (Wilmington, DE: Associated Publishers and Authors, 1915), 4:2484.

Todas estas son respuestas que se dan a la cuestión de la divina providencia. Y cada una de ellas es determinada por la cosmovisión más amplia de cada cual. La cosmovisión de una persona determina su visión de la providencia. Consideremos cuatro posibles cosmovisiones y cómo responden a la cuestión de Dios y el universo.

Cosmovisión judeocristiana. La realidad demuestra que Dios es el Creador y sustentador del universo. Es trascendente e inmanente. Él incorporó leyes en el universo. Éstas son las ordenanzas de la creación. Dios gobierna activamente por la divina providencia. Esto se ve comúnmente —por ejemplo, en su gobierno por las leyes establecidas así como activamente (p. ej., más directamente, su irrupción en el tiempo y el espacio).

Deísmo. El deísta afirma que Dios creó el universo regido por leyes y después se desentendió de la creación. Según esta concepción, Dios existe como Creador, pero el universo está en piloto automático. El universo se «auto-gobierna» por medio de las leyes físico-naturales. La providencia solo existe en un sentido general, mecánico; Dios no entra en el espacio y en el tiempo.

Ateísmo. Esta concepción niega la existencia de Dios. No hay Dios y por tanto tampoco ley divina ordenada. La única realidad es la física y «natural». Como no hay Dios, tampoco hay divina providencia. Los científicos ateos deben atenerse al orden para hacer su trabajo, pero no pueden explicarlo y profesan negarlo.

Animismo (neo-paganismo). Actualmente está resurgiendo un cuarto sistema cuyas raíces se remontan a una religión antigua. El animismo ve el universo como si fuera un organismo vivo, biológico. Esto se suele denominar el «principio Gaia». No hay dios personal ni divina providencia. En el mejor de los casos, hay un «impulso» misterioso hacia la vida. La película *Avatar* es una pieza de propaganda del neo-paganismo. La naturaleza está viva. Dios no ha ordenado la ley natural.

DIOS GOBIERNA PROVIDENCIALMENTE LA CREACIÓN CON SUS ORDENANZAS

En el capítulo 1 vimos que la sabiduría creó el universo. Ahora vemos que también lo sostiene. Dios gobierna providencialmente la creación a través de sus ordenanzas. Actúa providencialmente de dos maneras: *a través* de sus leyes establecidas, y a veces las *suspende*. Normalmente, Dios actúa providencialmente en el gobierno de la creación a través de sus ordenanzas. Este no es el concepto deísta del universo en «piloto automático» que se ajusta a las leyes naturales. No, el Dador de la Ley también se involucra activamente gobernando por medio de estas leyes.

La historia de los colonizadores europeos del Nuevo Mundo ilustra claramente el gobierno divino de las leyes de la creación. En su interesante libro *The Puritan Gift: Reclaiming the American Dream Amidst Global Financial Chaos*, los autores Ken Hopper y Will Hopper rastrean la historia de cómo la tercera ola de colonizadores puritanos británicos aprendieron de los fallos de los dos primeros grupos.

La primera ola zarpó de Inglaterra hacia Jamestown en diciembre de 1606. Pero al no haber planeado adecuadamente la travesía, desembarcaron en las costas de Virginia en invierno, con escasas provisiones. Sin comida y expuestos a las inclemencias, solo 38 de 144 sobrevivieron el primer año. A la ola de peregrinos de 1620 le fue un poco mejor. Llegaron a Nueva Inglaterra el 10 de noviembre. Navegaron por el Atlántico en buenas condiciones meteorológicas, pero llegaron demasiado tarde para la siembra y pasaron el invierno intentando construir casas, perdiendo la mitad de la compañía en los tres primeros meses.

A diferencia de ambos grupos, los puritanos, quienes empezaron a llegar a partir de 1630, aprendieron de aquellos desastres y planificaron esmeradamente y a conciencia. Navegaron por el Atlántico durante las inclemencias del invierno para poder desembarcar a tiempo para la siembra y edificar refugios antes del nuevo invierno. Reclutaron personas con las destrezas necesarias para establecer con éxito una colonia y llevaron la clase y cantidad de provisiones necesarias para sobrevivir y florecer.

En consecuencia, tuvieron éxito, mientras que los anteriores intentos de establecer colonias fracasaron. Los puritanos no solo aprendieron de la historia, también comprendieron la idea de gobierno y se dotaron de reflexivos planificadores y administradores. Tuvieron en cuenta el tiempo y la estación.[16] En vez de sufrir privaciones, hambruna y mortandad, ellos prosperaron y crecieron. Los Hopper descubrieron que «el don de los puritanos» fue su cultura de administración. Argumentan que fue esta cultura la que hizo que el Nuevo Mundo prosperara y floreciera.

Dios gobierna la creación por medio de sus ordenanzas, pero también de manera sobrenatural sorteando dichas ordenanzas.[17] Hay veces en las que, para cumplir sus propósitos, Dios puede suspender las leyes de la creación para irrumpir más directamente en el tiempo y en el espacio. Cuando esto sucede presenciamos lo que llamamos «milagros». Dios abrió camino a través del mar Rojo para que los hebreos pudieran cruzarlo y fueran libres de la esclavitud. Dividió el río Jordán para permitir a su pueblo caminar por terreno seco hacia la tierra prometida.

Solamente Dios creó el universo; su creación *ex nihilo* da testimonio de su gloria única y manifiesta. Solo Dios gobierna providencialmente todos los asuntos de la creación. Él sostiene sabiamente su amada creación. No podemos florecer sin entender estas verdades y conformar nuestra vida en consecuencia.

Más aún, Dios ha preparado un lugar para que participemos en el sostenimiento y florecimiento de su magnífica creación. De esta verdad nos ocupamos ahora.

Reflexione
Haga un dibujo de lo que ha aprendido en esta sesión.
¿Qué significa vivir en el círculo de la realidad?

---

16 Ken Hopper y Will Hopper, *The Puritan Gift: Reclaiming the American Dream Amidst Global Financial Chaos* (London: I. B. Tauris, 2009), 15-18.
17 Cabe señalar que todo lo que Dios hace es sobrenatural porque Él es trascendente; Él habita por encima y más allá del universo. «Sobrenatural» tiene aquí el sentido que le solemos dar, p. ej., acto de fuerza mayor indudablemente fuera de las normas a las que estamos acostumbrados.

3

LA SABIDURÍA SOSTIENE EL UNIVERSO MEDIANTE LA OBEDIENCIA HUMANA

Hace años Gary llegó a casa, con su esposa, con un cargamento de comestibles. Mientras los colocaban en su sitio, Gary sacó un pedazo de queso de una bolsa y lo puso momentáneamente en un rincón (poco visible) para alcanzar rápidamente algo que tenía que ir al congelador. Y se olvidó del queso hasta dos semanas después. Por supuesto, cuando ya se había echado a perder. Esto es evidencia de lo que la ciencia llama segunda ley de la termodinámica. En palabras sencillas, las cosas se deterioran con el tiempo.[1] Cuando se saca del horno un bizcocho de pastel de ángel, está esponjoso y delicioso. Pero si se deja encima de la mesa varios días se endurece y pierde sus propiedades. Por otra parte, una galleta salada está crujiente recién sacada de la bolsa, pero después de varios días se ablanda y pierde su sabor. Esta ley de la creación está siempre activa.[2] Casi siempre, estas leyes son invisibles para la mayoría de nosotros. Las podemos ignorar (y sufrir las consecuencias) o intentar negarlas, pero no es posible cambiarlas. Son ley.

---

1 La definición técnica de esta ley es: «Todo proceso que ocurre en la naturaleza avanza en este sentido: aumenta la suma de las entropías de todos los cuerpos que participan en el proceso». Citado por Andreas Greven, Gerhard Keller, and Gerald Warnecke, eds., Entropy (Princeton: Princeton University Press, 2014), 131.
2 Realmente, puede ser más exacto identificarla como ley de la post-creación, que sobrevino con la inversión cósmica.

En el último capítulo comentamos la cuestión de cómo la sabiduría sostiene el universo. Sugerimos que esto sucede de tres maneras. Primero, por las leyes divinas de la creación. Dios gobierna por medio de leyes y ordenanzas. Estas leyes y ordenanzas forman parte de lo que Dios usa con sabiduría para sostener la creación. Dios gobierna pro-activamente, y se vale de leyes y ordenanzas en este proceso.

Una segunda forma en que la sabiduría gobierna el universo es la irrupción activa de Dios en el tiempo y el espacio. Él suspende a veces sus leyes. A esto solemos llamarlo milagro. Dios irrumpe en la historia común con hechos extraordinarios. Normalmente, permite que sus leyes gobiernen sin interrupción. Pero a veces las suspende proactivamente.

SOSTENIDO MEDIANTE LA OBEDIENCIA HUMANA

Consideremos ahora la tercera forma en que la sabiduría sostiene el universo: mediante la obediencia humana. Dios creó al hombre y le dio la capacidad y la responsabilidad de actuar como mayordomo de la creación. Un mayordomo es el que administra la propiedad de otro. Dios en su sabiduría delegó una parte del cuidado de la creación al hombre. La sabiduría sostiene el universo por medio de la obediencia humana.

Dios es soberano, no obstante, los seres humanos tienen una medida de libertad. Somos creados a su imagen y nos ha delegado autoridad.

Esto no es teoría de torre de marfil; es una verdad cósmica de enormes consecuencias. Es especialmente verdad por causa de la aflicción del mundo, es decir, del mal moral, natural e institucional que nos rodea. Dios ha compartido con los seres humanos la responsabilidad de abordar ese destrozo. Hemos de ser mayordomos de nuestra propia vida, de nuestra relación con otros, y del resto de la creación. Dios desea que todos nosotros florezcamos. Nos creó con un propósito y desea que éste se cumpla en nuestra vida. Pero cuando actuamos insensatamente, las cosas se deterioran, como vimos anteriormente en la diferencia entre la sabiduría y la necedad.

Reflexione

Mencione maneras en las que ve aflicción entre lo siguiente:

- Un ser humano y su Dios
- Un ser humano y él mismo (aflicción personal)
- Los seres humanos y la creación

¿Qué ejemplos de aflicción ha visto usted en su sociedad?

Actualmente se ve una profunda descomposición en muchas sociedades: el mal de la esclavitud sexual, otras formas de esclavitud, el sistema de castas, el tribalismo, el sexismo. Piense también en las consecuencias de males naturales como la sequía, la enfermedad y la hambruna. Todos ellos son ejemplos de fractura que nacen de la necedad humana. ¿Qué dice la sabiduría de cada uno de ellos?

Dios gobierna a través de la sabiduría, y nosotros le ayudamos a gobernar el universo por medio de nuestra obediencia.

Lea

Lea Proverbios 3:6; 21:31; 3:21-26; 16:9.

¿Qué relación hay entre el hombre «creado para gobernar» y la providencia de Dios?

¿Qué metáfora podría usted concebir para describir esta relación?

Administrar la tierra —otra forma de decir sostener el universo— es una responsabilidad compartida. La divina providencia no actúa independientemente del libre albedrío del hombre. Dios gobierna y puede anular algo a través de su providencia, pero no destruye la libertad y la responsabilidad humanas. Esto conlleva muchas implicaciones, incluidas las siguientes:

- La obra humana es un don de la creación de Dios. Él espera que usemos nuestra creatividad para comprometernos con el desarrollo de la creación.

- Dios, como Creador, puede intervenir en todos los aspectos de la creación.

- Si gobernamos como Dios, si le imitamos, gobernaremos con sabiduría.

- Si gobernamos conforme a las ordenanzas divinas, sobrevendrán cosas buenas de forma natural.

Algunas de ellas las desarrollamos en lo que sigue:

Reflexione
Lea Génesis 1:26-28; Salmos 8:3-8
¿Por qué fue puesta la humanidad sobre la tierra?
¿Qué títulos serían apropiados para estas actividades?

La humanidad fue creada para gobernar en nombre de Dios. Desde el punto de vista del privilegio, los seres humanos son vice-regentes, reyes y reinas de la creación de Dios. Por lo que respecta a la responsabilidad, los seres humanos son responsables, bajo el gobierno soberano de su Creador, de su futuro, su bienestar y la salud de sus familias, el bienestar de sus comunidades, y la edificación de sus países.

EL GRAN Y

Una de las situaciones más tristes de un ser humano es carecer de relaciones significativas. Excepto los monjes venerables, nadie considera ejemplar un estilo de vida ermitaño. Nadie envidia a una viuda anciana abandonada por su familia en una residencia. El corazón se conmueve ante un huérfano enviado de un lugar de acogida a otro. ¿Por qué son esas historias tan tristes? Porque somos creados para relacionarnos. De hecho, el universo se basa en las relaciones. Esto es visible a distintos niveles.

La primera relación que existe es entre el Uno y Plural de la Trinidad, Dios en tres Personas. Este aspecto esencial de la naturaleza divina subyace a todas las demás relaciones del universo. En efecto, debido a que Dios es en tres Personas —a que Él es intrínsecamente relacional— existen las demás relaciones. Si se prescinde del fundamento de esta pluralidad (pluralidad, no multiplicidad) de Dios, se pierde la base de todos los demás aspectos relacionales que hay en el mundo. Por ejemplo, la naturaleza relacional de Dios da sentido a la relación entre Dios y su creación. No es un relojero lejano, apartado, que dio cuerda al universo y se alejó de él. Dios es inmanente, habita activamente en su creación.

La relación entre Dios y su pueblo deriva también de la naturaleza relacional de Dios. Él es Padre. Su pueblo son sus hijos. Él ama con el amor de un padre. En realidad, todo buen padre refleja una pequeña imagen de la naturaleza paternal de Dios.

Este es otro ejemplo de relación en la creación: la que hay entre el hombre y la mujer. Dios formó al primer hombre del polvo de la tierra. De la costilla del hombre formó a la mujer. Los términos hebreos reflejan la profundidad de la relación inherente de este método de creación. «Dijo entonces Adán: Esto es ahora hueso de mis huesos y carne de mi carne; ésta será llamada Varona (*Isha*), porque del varón (*Ish*) fue tomada» (Gén 2:23). Una carne fue dividida en Ish e Isha. Luego, en un hecho tan poético como profundo, Dios les junta para hacer una sola carne. De este modo, tenemos en el humano dos en uno un reflejo derivado del Dios Trino en uno.

Finalmente, existe la relación entre la humanidad y la creación. Como criaturas *imago Dei*, los seres humanos se relacionan con el resto de la creación.

Dios y su creación, Dios y su pueblo, la mujer y el hombre, el ser humano y la creación… es llamado a veces el principio del «gran *y*». El universo se basa en las relaciones. En cada caso, la relación entre las dos partes del «y» es fluida y dinámica, no mecánica y determinista.

PERICORESIS, LA GRAN DANZA DE LA VIDA

Los padres capadocios[3] enseñaron la noción de la *pericoresis*[4], o gran danza de la vida. La *pericoresis* es la gran danza entre Dios y los seres humanos. Dios puede ser considerado como el compañero varón; Él toma la iniciativa. Él es soberano, pero nosotros somos libres y responsables en la danza.

El pastor Timothy Keller capta eficazmente la danza divina.

La vida de la Trinidad no se caracteriza por el egocentrismo sino por el amor desinteresado. Cuando nos deleitamos y servimos a alguna persona, entramos en una órbita dinámica alrededor de ella, nos centramos en sus intereses y deseos. Eso origina una danza, especialmente si son tres personas, y cada una se mueve en torno a las otras dos. Así es, nos informa la Biblia. Cada una de *las personas de la divinidad* se centra en las otras. Ninguna exige que las otras giren en torno a ella. Cada una circunda voluntariamente a las otras dos, derramando amor, alegría y veneración hacia ellas. Cada persona de la Trinidad ama, venera, se somete y se goza en las otras. Eso crea una danza dinámica, palpitante, de gozo y amor. Los primeros líderes de la iglesia griega usaban la palabra pericoresis para designarla.[5]

¿Por qué disfrutamos de eventos olímpicos como la natación sincronizada, o la danza folclórica rusa o el ballet? Es un reflejo de la armonía que Dios ha incorporado en el universo. Un matrimonio saludable es otra imagen de la gran danza.

C. S. Lewis, al final de su obra de ciencia ficción *Perelandra*, usa el mismo término para describir la dinámica cósmica.

---

3 «En la segunda mitad del siglo IV, tres teólogos de la provincia de Capadocia [en la moderna Turquía] ejercieron una profunda influencia en el carácter de la teología cristiana. Fueron Basilio de Cesárea, su hermano Gregorio de Nisa y el íntimo amigo de Basilio, Gregorio Nacianceno. Ellos dieron forma definitiva a la doctrina griega de la Trinidad y por mediación de sus esfuerzos fue el arrianismo finalmente derrotado». The New International Dictionary of the Christian Church, ed. J. D. Douglas (Grand Rapids: Zondervan, 1978), 191.

4 El término proviene de la combinación de dos palabras griegas, *peri* (alrededor) y *koreo* (danza).

5 Timothy Keller, *The Reason for God: Belief in an Age of Skepticism* (New York: Riverhead Books, 2008), 224. *La razón de Dios* (Barcelona, Publicaciones Andamio, 2014).

En el plan de la Gran danza se entretejen planes sin fin y cada movimiento se convierte a su debido tiempo en el florecer de toda la estructura hacia el que todo lo demás había sido encaminado. Así cada cual está igualmente en el centro y nada está allí por ser igual, sino algunos por conceder lugar y otros por recibirlo, las cosas pequeñas por su pequeñez y las grandes por su grandeza, y todos los esquemas se encadenan y se enlazan entre sí mediante las uniones de un arrodillarse y un amor imperial. ¡Bendito sea Él!

Así ocurre con la Gran danza. Fija tus ojos en un movimiento y éste te llevará a través de todos los diseños y te parecerá el movimiento clave. Pero lo aparente será cierto. Que ninguna boca se abra para contradecirlo. Parece no haber plan porque todo es plan: parece no haber centro porque todo es centro. ¡Bendito sea Él![6]

El educador y teólogo Greg Uttinger capta la esencia de la Gran danza: «La metáfora [de la Gran Danza] es oportuna. En un baile de salón, o danza folclórica, cada participante es responsable de su propio papel. No puede ver el todo, ni siquiera configurar el todo. Pero mientras desempeña bien su parte y se somete a las reglas de la danza, ayuda a crear algo de maravillosa complejidad y gran belleza. Tal es el universo, y tal es la iglesia. Pero la raíz de todo ello radica en la vida interior del Dios Trino».[7] Por supuesto, la hermosura de la danza no solo es una metáfora pertinente de nuestra vida en Dios, sino que la delicia de la danza es otra dimensión del mismo gozo. Cuando caminamos al paso del divino Compañero, ¡experimentamos el gozo para el que fuimos creados!

En la metáfora de la Gran danza, la vida es como una composición musical. Dios es el compositor; nosotros somos las notas. Cada uno de nosotros tiene un lugar, y en conjunto, creamos música hermosa. Si conocemos a Dios y le seguimos en la danza, participamos de la belleza. Si no reconocemos esto, aportamos caos en vez de belleza, como el que intenta hacer un *break dance* en medio de un vals. Si hacemos del plan de Dios el propósito de nuestra vida, entonces podremos sumarnos a la danza. Podremos formar parte de la armonía.

---

6   C. S. Lewis, *Perelandra* (Buenos Aires: Adiax, 1980), 263-64.
7   Greg Uttinger, "The Theology of the Ancient Creeds Part 4: The Atanasian Creed," Chalcedon, 17 de agosto, 2002, http://chalcedon.edu/reseach/articles/the-theology-of-the-ancient-creeds-part-4-the-athanasian-creed/.

MAYORDOMOS SABIOS

Fuimos creados para ser mayordomos. Dios hizo al ser humano para ser mayordomo de la creación. Nosotros no somos dueños de la creación; lo creado solo pertenece a Dios. Esta es una observación humillante en un doble sentido. Por una parte, a diferencia de Dios, verdadero dueño y Creador, nosotros no somos más que meros mayordomos. ¡Cuán importante es tener en cuenta la distinción Creador-criatura! ¡Dios es Dios y nosotros no! Esta es una gran verdad que humilla.

Al mismo tiempo, debemos mantenernos humildes por la responsabilidad que Dios nos ha concedido. El Dios que creó todo de la nada nos ha asignado la tarea de cultivar su creación, desarrollarla, mejorarla. Él la creó perfecta pero incompleta. Lo hizo deliberadamente: Desea que los seres humanos «completen» la creación, la hagan florecer, creen cultura. La noción de mayordomía entraña todas estas cosas. Hemos de ser mayordomos sabios de la creación que Dios nos ha confiado.

Lea
Lea Mateo 25:14-30; Lucas 16:1-18; Lucas 19:11-27.
Identifique al menos tres principios de cada parábola.
¿Qué implicaciones tiene cada una de ellas para su vida?

Hemos de actuar como mayordomos fieles de los dones, talentos y capacidades que Dios nos ha concedido para fomentar la abundancia en nuestras comunidades y naciones. Tendremos que responder de nuestra mayordomía.

Jesús se representó a sí mismo como un hacendado que partía de viaje y llamó a sus siervos: «Me voy a ausentar por un tiempo. Quiero que se encarguen de mi hacienda mientras estoy ausente». Dio dinero a cada siervo en proporción a la estimación de su capacidad. «Inviertan este dinero mientras estoy fuera», les dijo. A su regreso, llamó a sus siervos para rendirle cuenta de lo que habían hecho con su dinero: «Yo lo he doblado», le dijo el primer siervo. Lo mismo dijo el segundo. Pero el tercero respondió: «Yo tuve miedo de ti, de manera que escondí tu dinero. Aquí está». El amo felicitó a los dos primeros siervos, pero reprendió al tercero. «Deberías al menos haber invertido mi dinero y obtenido algún interés».

Todos tendremos que rendir cuentas por la mayordomía que Dios ha invertido en nosotros. Usted tiene dones, talentos y capacidades. Tiene abundancia de capital y Dios espera que lo administre sabiamente. Todo el mundo es mayordomo; la cuestión es si uno está siendo mayordomo sabio o mayordomo necio.

Lo mismo cabe decir de las naciones. Una amiga que vive en Oriente Medio fue visitada por unos súbditos de Burundi que ella conocía. Les ofreció un tour por el país, y de pronto llegaron a un bosque en medio del desierto. Sus amigos se asombraron. Los bosques de Burundi solo crecen en tierras fértiles y oscuras. Nunca habían visto un bosque crecer en arenales y pedregales. Preguntaron a mi amiga que les explicara este fenómeno. Ella respondió: «Dios ha concedido un territorio a todos los pueblos del mundo. Cuando Él regrese, les va a preguntar qué hicieron con la tierra que les dio. A mi pueblo le dio un desierto y quiso saber qué haríamos con él».

Los individuos y las naciones son mayordomos de todos los recursos que Dios les ha concedido. Él espera que ellos sean mayordomos, que aprovechen lo que han recibido y hagan algo con ello.

VIDA Y MUERTE

Prepare
Lea Deuteronomio 30:15-16, 19-20.
¿Qué ha puesto Dios en sus manos?
¿Qué alternativas tiene que afrontar?
¿Qué quiere Él que escoja usted?
¿Qué relación hay entre Dios, sus leyes y la vida?

La sabiduría creó el universo. La sabiduría lo sostiene. He aquí otra verdad que fluye de estas dos: los seres humanos sabios descubren y aplican las ordenanzas de la creación a su vida personal y nacional. Apoyados en la sabiduría —viviendo en el marco de la creación de Dios— las personas y las sociedades llegan a ser lo que Dios quiere que sean. Es insensatez pretender vivir fuera del marco que Dios ha establecido. Esto solo conduce a la muerte y la destrucción.

La sabiduría lleva a la vida. La insensatez lleva a la muerte.

AUTOGOBIERNO PERSONAL

La sabiduría tiene por objeto el gobierno. Más adelante veremos cómo se aplica al gobierno civil, pero comentemos antes la autonomía o autogobierno.

La base del gobierno radica en el corazón de las personas. Todo gobierno comienza con el autogobierno interno o auto-control. Como escribe el profesor K. Alan Snyder: «Todo gobierno comienza con la persona. Cada persona es un gobernador a quien Dios ha confiado la responsabilidad de gobernarse a sí mismo adecuadamente, conforme a su Palabra».[8] Snyder menciona cuatro dimensiones internas del auto-control: pensamientos, actitudes, motivos y emociones.

John Adams fue uno de los fundadores y segundo presidente de los Estados Unidos. Adams escribió: «Nuestra constitución fue solo concebida para gente moral y religiosa. Es completamente inadecuada para otro tipo de gobierno».[9] Es decir, lo que proporciona libertad no es la fuerza o influencia externa de una constitución. Incluso un documento tan notable como la constitución de los Estados Unidos resultaría inadecuado para guiar a un pueblo inmoral, irreligioso o transgresor. Y un pueblo no podrá ser moral y religioso sin autodisciplina. Otro término para disciplina es autonomía.

Tenía cincuenta años cuando me di cuenta de esto. Recuerdo mi momento *Aha*. Estuve escuchando a la doctora Elizabeth Youmans disertar acerca del autogobierno. Cada vez que ella decía

---

8 K. Alan Snyder, *If the Foundations Are Destroyed: Biblical Principles and Civil Government* (Marion, IN: Principle Press, 1994), 34-35.

9 "From John Adams to Massachusets Militia, 11 de octubre, 1978," Founders Online, visitada el 9 de agosto, 2018, http://founders.archives.gov/documents/Adams/99-02-02-3102

autogobierno o autonomía yo lo traducía como *democracia.* Ésta es una forma de autogobierno. Pero ella se refería a otra cosa.

Debemos gobernarnos a nosotros mismos, nuestra propia vida. Ora actuaremos sabiamente gobernando nuestra vida, ora insensatamente siendo transgresores. Para ser mayordomos de lo que Dios ha creado, debemos empezar con el autogobierno interno. Yo no puedo gobernar fuera de mí hasta que haya aprendido a gobernarme a mí mismo. La mayordomía interna debe preceder a la externa. Esto es lo que significa la autonomía personal del cristiano.

Cuando nos gobernamos sobre la base de las leyes de Dios, somos libres.

Lea

Lea Proverbios 4:23; 10:5; 6:6-11; 16:32: 25:28

¿Qué enseñan estos versículos sobre el autocontrol?

En sus propias palabras, defina el autocontrol.

¿Qué le sucede a la persona que no se autocontrola?

A lo largo de los años he coleccionado citas que ilustran vigorosamente el principio vital del autogobierno.

> Él que no puede administrar una provincia no sabe cómo regir un reino; tampoco puede administrar una provincia quien no sabe gobernar una ciudad; ni gobernar una ciudad quien no sabe gobernar una villa; ni gobernar una villa quien no sabe guiar a una familia; ni puede guiar bien a una familia quien no se sabe gobernar a sí mismo, ni gobernarse a sí mismo a menos que la razón sea su señor, y su voluntad y su apetito sus vasallos; tampoco podrá la razón gobernar a menos que esté sometida a Dios y le sea completamente obediente.
> *Hugo Grocio, abogado, teólogo y educador holandés(1853-1645)*[10]

> Mejor es el que tarda en airarse que el fuerte; y el que se enseñorea de su espíritu, que el que toma una ciudad.
> *Proverbios 16:32*

---

10   Don Hawkinson, *Character for Life: An American Heritage* (Green Forest, AR: New Leaf Press, 2005), 24.

El principio cristiano del autogobierno es el reinado interno de Dios en el corazón del creyente. Para poder ejercer verdadera libertad, el hombre debe VOLUNTARIAMENTE ser gobernado INTERIORMENTE por el Espíritu y la Palabra de Dios, no por fuerzas externas. El gobierno es primeramente interno (causa), y después se extiende hacia fuera (efecto).
Dra. Elizabeth Youmans, educadora[11]

Los hombres están cualificados para la libertad civil en proporción exacta a su disposición a imponer cadenas morales sobre sus propios apetitos... en la proporción que están dispuestos a escuchar los consejos de los sabios y los buenos antes que la adulación de los bribones. La sociedad no puede existir a menos que se ejerza un poder de control sobre la voluntad y los apetitos; y cuanto menos haya dentro, tanto más tendrá que haber afuera. Está ordenado en la constitución eterna de las cosas, que los hombres de mentes inmoderadas no pueden ser libres. Sus pasiones forjan sus grilletes.
Edmund Burke, estadista inglés[12]

Toda sociedad de hombres debe ser gobernada de una u otra manera. Cuanto menos gobierno estricto tengan del Estado, más autogobierno personal deberán ejercer. Cuanto menos dependan de la ley pública, o de la fuerza física, tanto más deben depender de frenos morales privados. En suma, los hombres deben ser necesariamente controlados bien por un poder interior, o por un poder exterior; bien por la Palabra de Dios, o por la fuerza del brazo del hombre; bien por la Biblia, o por la bayoneta.
Robert Winthrop, orador de la Cámara de Representantes de los Estados Unidos[13]

Siembra un pensamiento, y recogerás un acto;
siembra un acto y recogerás un hábito;

---

11 Elizabeth L. Youmans, "The Christian Principle of Self-Government," AMO® *Apprenticeship Manual* (Orlando: Chrysalis International, 2010), 127.
12 "Letter to a Member of the National Assembly," 1791, visitada el 9 de agosto, 2018, https://www.bartleby.com/73/1051.html.
13 "Discurso dirigido a la Sociedad Bíblica de Massachusetts" (1849), citado por *Robert Winthop, Addresses and Speeches on Various Occasions* (Little, Brown, 1852), 172, visitada el 25 de septiembre, 2017.

siembra un hábito y recogerás carácter;
siembra carácter y recogerás destino.[14]

En el cristianismo, la moral nace dentro de la persona. Por eso, históricamente, el cristianismo se asocia con la libertad política. Los que son capaces de gobernarse moralmente a sí mismos no necesitan un fuerte poder central para mantener el orden social.
Gene Edward Veith, rector del Patrick Henry College[15]

La ley de Dios debe estar inscrita en el corazón de la persona, y después en las tablas de piedra de las instituciones sociales.
Grover Gunn[16]

Reflexione
Escoja una de las citas previas y haga una reflexión creativa (escriba una carta, poema, canción, etc.).

Más recientemente, en una de mis conferencias, un estudiante lo expresó de este modo: «Si creemos en la sabiduría por convicción personal, llegamos a ser libres. Por el contrario, nos hacemos esclavos atendiendo a opiniones y deseos de otros. Esta es la causa y efecto». Otro estudiante declaró: «La libertad no se basa en el estado físico, sino en el estado del corazón».

No mucho después de la caída del dictador comunista rumano Nicolau Ceausescu, visité Rumanía. Una persona en

---

14 "Dicho anónimamente publicado en *The Dayspring*, Vol. 10 (1881) por la escuela dominical de la Sociedad Unitaria y citado en *Life and Labor* (1887) por Smiles; esto se suele atribuir a George Dana Boardman, al menos desde 1884, pero también, algunas veces a William Makepeace Thackeray desde 1891, probablemente porque Smiles añade en *Life and Labor* una cita de Thackeray justo después de ésta, a la de Charles Reade en 1903, y a la de William James en 1906, porque aparece en sus *Principios de psicología* (1890)". "Samuel Smiles," visitada el 25 de septiembre, 2017, https://en.wikiquote.org/wiki/Samuel_Smiles.

15 "Heart Problems: The Looting in Iraq Illustrates the Moral and Political Crisis That Plagues the Islamic World," *World*, 3 de mayo, 2003, https://world.wng.org/2003/05/heart_problems.

16 "Making Waves," Tabletalk from Ligonier Ministries and R. C. Sproul, 12 de enero, 2001.https://en.wikiquote.org/wiki/Robert_Charles_Winthrop.

autoridad me dijo algo muy interesante: «Darrow, por muchos años los rumanos hemos orado que el ejército de Estados Unidos venga a Rumanía». Cuando le pregunté por qué habían hecho esa petición me respondió: «Porque el ejército de EE.UU. nos daría la libertad».

«El ejército de EE.UU. no les dará la libertad», le dije. «Tendrán libertad cuando ella nazca en su corazón».

La libertad comienza en el corazón. Una fuerza externa no traerá libertad. Ésta debe nacer dentro de las personas.

LA SABIDURÍA CONDUCE A LA CONSUMACIÓN DEL UNIVERSO

Dios está implicado en la historia. En realidad, esta frase es una infravaloración a propósito. La historia es, ante todo, de Dios. Los seres humanos juegan un papel en ella, porque Dios creó y ama a los seres humanos. Hablamos de «historia de la humanidad» como si tratara de nosotros. Desde nuestra perspectiva, la historia de familias y tribus, de nómadas errantes, el desarrollo de la agricultura y la tecnología, la acumulación de poder por los clanes dirigentes, el auge de las naciones, el choque de reyes en batallas —todos los relatos de triunfos y aflicciones humanos nos dan la impresión de que somos nosotros el centro de la historia. Pero es una impresión profundamente errada. La historia es de Dios. Él la conduce para cumplir su voluntad. Y al final de la historia vendrá la consumación de todo el propósito de Dios.

Cuando Cristo regrese al final de la historia, Él traerá restauración, plenitud y cumplimiento de lo que Dios deseó antes de la fundación del mundo. Así como la cosmología bíblica describe la *creación* de Dios, la Biblia también incluye un *telos* («fin», «objetivo» o «meta» en griego), es decir, la *culminación* aplastante del propósito de Dios, la venida del reino de Dios. La cosmología de la creación señala la teleología —la consumación— de la creación. Es decir, cuando miramos en derredor y vemos designio en la creación, vemos una indicación de la intención divina. El diseño o la forma, revela la función, el propósito por el que se ha hecho una cosa. El diseño del corazón de un animal revela su propósito como bomba de sangre. La forma de las alas del pájaro indica su capacidad para volar.

Un súbdito de la atea Unión Soviética señaló que el ser humano puede continuar aprendiendo hasta el día de su muerte. Razonó que ésta es una señal de la existencia humana más allá de la tumba.[17] Considere, por ejemplo, que los ojos y los oídos de un bebé se forman en el útero, un lugar sin luz ni sonido. Esto indica que hay algo más allá del útero, algo para lo que han sido diseñados estos rasgos. El hecho de que comenzamos a aprender antes de nacer y que seguimos aprendiendo hasta el día de la muerte es una señal de que hay algo más allá de la tumba.

RECIBIDO POR FE

Algunas personas tropiezan cuando oyen que Dios dirige la historia presente. *¿Y por qué hay tantos problemas en el mundo?*, preguntan. Otros discuten la idea de que Dios dirige la historia hacia una gran culminación. En cualquiera de los casos, el ingrediente que falta en tales ocasiones es una actitud de fe, la actitud de un corazón finito delante de un Dios personal e infinito.

Un ejemplo de alguien que vivió con esta actitud fue el patriarca Abraham, profundamente venerado por las tres religiones monoteístas. El autor de Hebreos dijo de él: «Por la fe Abraham, siendo llamado, obedeció para salir al lugar que había de recibir como herencia; y salió sin saber a dónde iba... porque esperaba la ciudad que tiene fundamentos, cuyo arquitecto y constructor es Dios» (Heb. 11:8-10). Esto es lo que impulsó a Abraham a ir al desierto: buscaba la ciudad de Dios. Ejerció la sabiduría confiando en la promesa de Dios.

Dios en su sabiduría, creó leyes y ordenanzas que impulsan la creación hacia su gran final —la ciudad de Dios, la nueva Jerusalén, la venida de Dios para morar por siempre entre los seres humanos—. Es sabiduría que conduce a la consumación de la historia. Es la búsqueda, el hallazgo y la aplicación de la sabiduría lo que permite a los seres humanos involucrarse en esta gran historia. Mediante la sabiduría podemos descubrir ese orden y glorificar a Dios

---

17 Conversación personal entre Darrow Miller y un cristiano ruso en la década de los «80».

desarrollando nuestra vida (dones y talentos), comunidades, culturas y países en el marco de ese orden.

EL OBJETO DE LA SABIDURÍA —LA GLORIA DE DIOS

El objeto de la sabiduría es la gloria de Dios. La sabiduría creó el universo, lo sostiene e invita a hombres y mujeres a involucrarse en *su* historia y en la consumación de toda la historia. Al explorar la creación y el orden creado, vemos cada vez más la gloria de Dios. Él se ha ocultado de nosotros. Y espera que la persona sabia le busque y le encuentre. Los sabios llegarán a entender las ordenanzas de la creación (a descubrir e ir en pos de los pensamientos de Dios) y conocer al que *es* la sabiduría para que sus vidas y gobiernos estén bien ordenados.

Enciclopedia: El círculo del conocimiento.

En el capítulo 1 incluimos una ilustración (véase la fig. 4). Hemos visto que

- Dios es el primer Creador;
- El hombre es el segundo creador;
- El hombre descubre la revelación de Dios en tres libros: la Biblia, la naturaleza y la mente; y
- Los descubrimientos del hombre en la creación le conducen a imitar a Dios; el hombre desarrolla la materia prima

de la creación para producir arte, tecnología y así sucesivamente.

David Scott lo resume así: «A través del estudio, la humanidad descubre el designio divino y conforma este conocimiento imitando el designio de Dios en las disciplinas de las artes y las ciencias».[18] La creación (secundaria) del hombre se puede resumir en una palabra: cultura.

Como segundo creador, el hombre revela al Primer Creador y su creación. A medida que el hombre crea cultura, Dios es glorificado y la tierra se llena de la gloria de Dios. Este círculo de creación, descubrimiento, imitación y gloria es el círculo de conocimiento.

Esto toca algo mencionado en el capítulo anterior acerca de los puritanos. Según la visión puritana, el círculo de conocimiento era el fundamento de toda educación. La vocación no está separada de la reflexión teológica, sino basada en ella. Dios lleva a cabo una misión y nos ha llamado a unirnos a Él. Dos mandatos definen nuestra misión: la Comisión Cultural[19] (Gén. 1:26-28) dada en la creación, y la Gran Comisión (Mat. 28:18-20) dada antes de la ascensión de Cristo. Éstas proveyeron un campo unificado de conocimiento, el principio integrador de toda educación.

Los puritanos concibieron un verdadero sistema educativo que tuvo en cuenta este conocimiento unificado. Se denominó Tecnología. Las bases de la tecnología fueron sentadas por el reformador educativo moravo Juan Amós Comenio (1592-1670). La tecnología fue un plan de estudios integral que relacionó el trabajo con el contexto de la cosmovisión y los principios básicos articulados en las Escrituras. Su estructura sistemática, bien definida, global, ayudaba a las personas a aprender a glorificar a Dios y a disfrutarle para siempre. Creó el marco para que cada persona entendiera y fuera en pos de su propia y singular vocación divina. La tecnología pasó a ser el «mapa mental» moral y metafísico.

---

18 David Hill Scott, "A Vision of *Veritas*: What Christian Scholarship Can Learn from the Puritan's 'Technology' of Integrating Truth," visitada el 22 de noviembre, 2016, http://www.leaderu.com/aip/docs/scott.html
19 Otro término para el mandato de la creación.

Reflexione

¿Qué nueva perspectiva ha obtenido tras la lectura de este capítulo?

¿Cómo va a aplicar esta perspectiva a su vida?

Dios es la fuente de la sabiduría. La sabiduría procede de Él. Pero no se la guardado para sí. Dios muestra sus secretos a la persona humilde, las maravillas de su sabiduría. David meditó en esta verdad contundente:

> Oh Señor, Soberano nuestro, ¡qué imponente es tu nombre en toda la tierra! ¡Has puesto tu gloria sobre los cielos!
> Has hecho que brote la alabanza de labios de los chiquillos y de los niños de pecho.
> (Salmos 8:1-2, NVI).

Dios invita a los seres humanos a colaborar con Él para configurar el mundo. Esta verdad arrastra muchas implicaciones. En primer lugar, ¿cómo pueden equiparse los seres humanos para tal responsabilidad? De eso nos ocuparemos a continuación.

PARTE 2

PRIMACÍA DE LA SABIDURÍA

4

PROVERBIOS: GUÍA PARA LA VIDA

Prepare

Responda a las siguientes preguntas

¿Qué es el activismo?

¿Qué es el intelectualismo?

Identifique dónde se encuentra en la siguiente escala:

Activismo ◄───────────────► Intelectualismo

¿Qué diferencia hay entre acción y «acción moral»? Ponga un ejemplo de cada una.

Algunas personas tienden a ser activistas. No piensan demasiado en lo que están haciendo, pero se entregan totalmente a ello. Otras tienden a ser reflexivas. Siempre están pensando; siempre están haciendo preguntas.

Activismo versus intelectualismo —¿Qué le define mejor?

Todo el mundo se inclina en una u otra dirección, pero todos necesitamos reflexionar y actuar para lograr un equilibrio en la vida y en el trabajo. Uno puede gastar toda su vida haciendo cosas sin pensar, lo cual puede equivaler a hacer cosas equivocadas. A veces las personas y las organizaciones quieren hacer «las cosas bien» y acaban haciéndolas con excelencia. Hablábamos mucho de esto en la organización no lucrativa en la que trabajé.

En cierta ocasión me hallaba enseñando como a cien miembros del personal de nuestra oficina en Perú. Hice la anterior observación entre activismo e intelectualismo y después pedí al personal que se situara en la categoría con la que se identificaba. Los activistas puros debían colocarse junto a una pared, y los «reflexivos» netos junto a la pared opuesta. Como la mayoría de las personas son una mezcla, les pedí que se situaran más lejos o más cerca de cada pared según se percibieran a sí mismos. Del centenar de personas que había en la clase, noventa y nueve se colocaron entre el centro de la sala y la pared activista (en su mayoría más cerca de la pared que del centro de la sala). Las organizaciones no lucrativas que ayudan a los pobres están, normalmente, llenas de activistas. Solo hubo una joven cerca de la pared de la reflexión, con lágrimas en los ojos. El ejercicio de clase puso de manifiesto la soledad que ella había experimentado como única persona «reflexiva» en una organización de activistas.

De hecho, pocas organizaciones de ayuda y desarrollo se nutren de personal a quien le guste reflexionar. En consecuencia, tales organizaciones suelen actuar sin meditar lo suficiente en lo que hacen y por qué lo hacen. Suponen: «Si llevamos dinero y tecnología a comunidades pobres, la gente saldrá de la pobreza». A veces todo ese dinero no hace sino aumentar la pobreza. Pero los activistas que no se toman tiempo para meditar no caen en ello. No obstante, la gente a quien le gusta pensar es lenta para mancharse las manos. Su mundo es teórico.

Ninguno de los dos extremos es deseable ni tampoco necesario. Podemos conseguir un equilibrio. Si por naturaleza nos inclinamos a actuar, deberíamos pasar más tiempo reflexionando. Si por defecto nos inclinamos a reflexionar, tenemos que empezar a hacer, a mancharnos las manos. En cualquier caso, tendremos vidas más sanas, más fructíferas, si procuramos alcanzar un equilibrio.

EL LIBRO DE PROVERBIOS

Tres libros del Antiguo Testamento son considerados literatura de sabiduría: Proverbios, Job y Eclesiastés.[1] Entre otros rasgos, este

---

1   Hay más de una escuela de pensamiento sobre qué libros incluye la literatura de sabiduría. Algunas autoridades también incluyen el Cantar de Cantares y algunos de los Salmos, Santiago, etc.

género literario se distingue por dos características. La primera es que los libros de sabiduría hacen escasa o ninguna referencia a la vida religiosa, a saber, el culto en el templo, los sacrificios o el sacerdocio, tan predominantes en el resto del Antiguo Testamento. La segunda, es que no tratan de asuntos relacionados con la salvación, sino que se centran en la vida práctica de la gente.

Esto es verdad por lo que toca a los libros de sabiduría. En este libro nos centramos en el de Proverbios en particular. Proverbios puede ser considerado una guía para la vida. Es un libro práctico —de sentido común más que de conocimiento teórico—. Algunos dicen que Proverbios es un libro de bolsillo para la vida; declara sabiduría a todos los ámbitos de la sociedad. El Dr. Ray Lubeck nota que «las pautas de Proverbios son universales. No pertenecen al pueblo de pacto de Dios».[2]

«Proverbio», en hebreo *mashal*, significa «acción mental». Este concepto se podría definir como pensamiento-acción. Un erudito escribe que la palabra *mashal* tiene «un objeto claramente reconocible: agilizar la aprehensión de lo real como distinto a lo deseado... apremiar al oyente o al lector a formar un juicio sobre sí mismo, su situación o su conducta».[3] Note el emparejamiento de pensamiento («aprehensión de lo real») con acción («su conducta»). Esto no es un mero pensar (conforme a la mentalidad griega), ni el intelectualismo descarnado del conocimiento de la verdad. Del mismo modo, tampoco es mero activismo, actuar sin pensar. Los

---

2 Western Seminary BLS501 lección de curso, primavera 2011.

3 R. Laird Harris, Gleason L. Archer Jr., y Bruce K. Waltke, The Theological Wordbook of the Old Testament (Chicago: Moody Press, 1980), visitada en BibleWorks, copyright © 1992-2008 BibleWorks, LLC. La cita pertenece a A. S. Herbert, contenida en la siguiente entrada de *mashal*: «Proverbio, parábola, alegoría, refrán, burla, discurso. Es de gran interés el amplio número de traducciones de esta palabra en muchas versiones inglesas del Antiguo Testamento... Traducir *mashal* simplemente como "proverbio" pasa por alto el amplio sentido de la palabra, sugerido en las muchas versiones propuestas. Estamos acostumbrados a pensar que un proverbio es un dicho breve, sucinto, epigramático, que asume el rango de verdad gnómica. No obstante, en el Antiguo Testamento, la palabra *mashal* puede ser sinónimo de parábola ampliada... Puede hacer referencia a una prolongada disertación didáctica (Prov. 1:8-19, por ejemplo)... A. S. Herbert ha declarado que en el Antiguo Testamento el "proverbio"/*mashal* tenía un "objeto claramente reconocible: agilizar la aprehensión de lo real como distinto a lo deseado... apremiar al oyente o al lector a formar un juicio sobre sí mismo, su situación o su conducta». (Herbert, 196).

hebreos combinaron el conocimiento de la verdad con la práctica de la misma, actuando sobre lo que es verdadero, bueno y hermoso.

Los griegos tenían fama de querer conocer la verdad. No se preocuparon tanto de cumplirla. Muchas personas son así en el presente. Oyen una nueva idea —quizás en una conversación, podcast, o programa de televisión— y piensan, ¡Qué buena idea! Pero ésta nunca arraiga en sus vidas. O leen un libro y se sienten sobrecogidas con una observación, pero no la ponen en práctica. Se parecen mucho a los griegos. Quieren llenar sus mentes de conocimiento. Pero ese conocimiento nunca llega a ser aplicado en la vida real.

Los hebreos procuraban practicar la verdad. Iban en pos de la verdad, pero no solo para adquirir conocimiento. Querían aplicarla a la vida. Una definición sencilla de la sabiduría es «la aplicación moral de la verdad». Si se aplica lo que se sabe que es verdad a través de un marco moral, se actúa con sabiduría.

En esta era posmoderna, mucha gente profesa la creencia de que no hay tal cosa como verdad absoluta. Solo hay preferencias personales, puro subjetivismo («¿qué se siente?»), o pragmatismo («¿funciona?»). Este subjetivismo es el faro que guía a mucha gente en la vida moderna. No tienen norma para calibrar la verdad. Y si Dios no existiera, y por tanto, tampoco la verdad, tienen razón: tampoco existirían el bien y el mal absolutos.

Lo cual conduce a otra definición sencilla de la sabiduría: tomar decisiones para llevar a cabo la verdad, la belleza y la bondad.

FORMAS PROVERBIALES

Lo mismo que en todo tipo de literatura, los autores usaban proverbios para un fin determinado. El proverbio debía hacer pensar a la gente, para después actuar, provocar pensamiento y acción.

Los proverbios adoptan varias formas. Muchos son dichos concisos. Algunos proverbios se exponen como parábolas. (A diferencia de una historia sencilla, una parábola consta de dos partes, un relato ficticio y la realidad, es decir, se compara el relato con la realidad a la que se asemeja.) Un proverbio puede también exponerse en forma de historia, enigma o acertijo. (Si ha leído *The Hobbit*, recordará la escena en la que Bilbo Baggins y Gollum juegan un juego mortal adivinando acertijos).

Todas estas formas de proverbios invitan al oyente a reflexionar, y no solo a reflexionar, sino actuar, aun en maneras nuevas y diferentes. Los proverbios nos motivan a replantearnos paradigmas (la manera normal en que vemos las cosas), y a veces a abandonar paradigmas viejos y formar otros nuevos. Pensamos de manera distinta y por tanto actuamos de manera diferente. Tenemos un momento Aja (de cambio de percepción).

Los proverbios tienen por objeto romper paradigmas. Yo suelo definir las parábolas como granadas de mano para la mente. Jesús arrojó muchas granadas de mano verbales. Contó parábolas.

Lea

Lea Proverbios 1:1-6 (el prólogo).

¿Qué proporciona la lectura de Proverbios?

¿Por qué es importante estudiar el libro de Proverbios?

¿Qué propósito tiene el libro de Proverbios?

EL PRÓLOGO

El libro de Proverbios comienza con un prólogo, una explicación del propósito del libro.

Proverbios de Salomón hijo de David, rey de Israel:

> para adquirir sabiduría y disciplina; para discernir palabras de inteligencia; para recibir la corrección que dan la prudencia, la rectitud, la justicia y la equidad; para infundir sagacidad en los inexpertos, conocimiento y discreción en los jóvenes. Escuche esto el sabio, y aumente su saber; reciba dirección el entendido, para discernir el proverbio y la parábola, los dichos de los sabios y sus enigmas (NVI).

Fíjese en que el prólogo aborda cuatro declaraciones de propósito. En primer lugar, el libro tiene por objeto que el lector «adquiera sabiduría y disciplina». De ahí se deduce que el lector carece de sabiduría y necesita instrucción. ¿No podemos afirmar lo mismo todos? Aun los más educados tienen mucho que aprender. Algunas personas son reacias a admitir que tienen cosas que aprender, pero este no es un signo de madurez, más bien lo contrario. Gary escuchó al respetado misionero J. Oswald Sanders contar una historia acerca de su finada esposa que ilustra esta verdad. Diez días antes de fallecer, cuando él intentaba hacerle sentirse cómoda, ella protestó: «Querido, no me facilites demasiado las cosas, tengo que seguir creciendo».

El segundo objeto de Proverbios es «discernir palabras de inteligencia». Un niño que está aprendiendo a leer puede ser muy competente en la pronunciación de las palabras que lee sin entender su significado. Discernir palabras de inteligencia significa saber cómo usar el conocimiento que uno posee. El libro de Proverbios no solo imparte conocimiento; capacita para entender las implicancias y aplicaciones del mismo.

El tercer objeto es «recibir la corrección que da la prudencia». El libro de Proverbios nos enseña cómo hay que vivir. No es salvífico: no enseña cómo ir al cielo, sino cómo vivir en la tierra. En este sentido, Proverbios es para todos los hombres. Nos enseña a crecer y madurar como seres humanos. A gobernar nuestros asuntos, relaciones, recursos y comunidades. La persona sabia aplica el libro de Proverbios a su vida, lo que la conduce a su florecimiento. La persona insensata ignora y rechaza Proverbios para su propio perjuicio y el de su comunidad.

El cuarto objeto es «infundir sagacidad en los inexpertos». Proverbios existe para ayudar a las personas a madurar. Ayuda al simple a vivir bien su vida, a evitar desperdiciar su tiempo, talentos y recursos y usarlos productivamente. Ayuda a los jóvenes a crecer en madurez, a discernir los tiempos y las sazones y sacar el máximo partido de los días que les son concedidos.

En suma, Proverbios es una guía para la vida.

CUATRO TEMAS EN PROVERBIOS

En el resto de este capítulo comentaremos cuatro temas de Proverbios que contribuyen al propósito de este libro. Estos temas son: desarrollo nacional, terreno común, aplicación integral y realidad básica.

Desarrollo nacional. La sabiduría consiste en observar el orden divino, en ponerlo en práctica en el contexto personal. Este es el principal factor que contribuye a la salud personal, familiar, comunitaria y nacional; a la prosperidad, la justicia y la libertad. Donde se observa el orden divino hay florecimiento personal y nacional.

La insensatez es negar el orden divino. Este es el principal factor que contribuye a la debilidad personal, familiar, comunitaria y nacional; a la pobreza, la injusticia y la esclavitud. Tales elementos descriptivos indican claramente que una sociedad vive neciamente cuando rechaza la verdad del orden divino de la creación.

Lea

Lea Deuteronomio 4:1-10. Este pasaje relata la obra divina para construir una nación libre a partir de una nación esclava.

Identifique cómo se debe relacionar el pueblo con la ley.

¿A qué conclusión llegarán los pueblos del mundo viendo el modelo de la nación de Israel?

Terreno común. Dios creó el universo con sabiduría; en efecto, la sabiduría personificada testifica: «Allí estaba yo» (Prov. 8:27). Dios sostiene y cumple el fin de la historia con sabiduría. Por cuanto esto es verdad, la sabiduría es terreno común para todos los seres humanos. La sabiduría de Proverbios tiende un puente entre todas las personas que desean que sus vidas discurran bien y florezcan. Es gracia común para toda la familia humana.

Aplicación integral. La sabiduría guarda relación con la vida entera. Habla al comercio, la familia, la gobernanza, la atención de la salud, la educación, la crianza de los hijos, las artes, la ciencia y cualquier otra dimensión de la existencia y empresa humana. Guarda relación con todas las esferas y estratos sociales. La sabiduría asegura la prosperidad de cada persona, familia y comunidad.

Realidad básica. Tal vez uno de los temas más importantes de Proverbios es que la sabiduría llama a la gente a la realidad. Cabe calificar al mundo posmoderno de anti-real. Nada es fijo, todo es relativo. Se rechaza el concepto de verdad absoluta; la «verdad» personal se forma según se avanza en la vida. La belleza no tiene base de evaluación objetiva; depende del ojo del observador. Esto niega lo que ha sido claramente revelado en los tres libros —la Escritura, la naturaleza y la mente—; que existe una norma absoluta para la verdad, la bondad y la belleza. Negarse a reconocer esto es ser ciego.

Tal insensatez resultaría inmediatamente evidente si la gente tratara el resto de leyes de la creación con el mismo criterio subjetivo y negligente. Suponga que alguien protesta: «Su idea de la gravedad será verdad para usted, pero eso no hace que sea verdad para todos», y a continuación actuara neciamente. Por supuesto, la sugerencia resulta ridícula, pero sirve para ilustrar la necedad del abandono de la realidad en cualquier dimensión. Todas las leyes de Dios al final se materializan en la vida humana. La ley de la gravedad acarrea simplemente efectos más inmediatos, no más reales. Algunas consecuencias llevan toda una vida hasta que se manifiestan plenamente.

Reflexione

El posmodernismo afirma que no hay nada fijo. Ponga ejemplos de la influencia de esta forma de pensar.

Ponga ejemplos de cosas que no cambian en el universo.

La idea posmoderna de la sexualidad ha eliminado muchos límites protectores y amenaza con disolver aún más. En Occidente se espera que los adolescentes sean sexualmente activos; la sociedad únicamente les enseña a practicar el llamado sexo seguro. No se reconoce la naturaleza sagrada de la sexualidad humana. El amor sexual diseñado por el Creador para ser expresado en el matrimonio de pacto queda así reducido a instintos animales que se satisfacen a capricho. Los partidarios del llamado matrimonio homosexual niegan la realidad, desmontan milenios de tradición en todas las culturas del mundo. Las sociedades prosperan cuando honran las normas del Creador para el matrimonio. De hecho, la costumbre de restringir la expresión de la sexualidad al matrimonio de un hombre y una mujer es sabia. A decir verdad, esta costumbre ha civilizado a las sociedades.

Dennis Prager, teólogo, autor, orador y locutor de radio judío, ha escrito: «Cuando el judaísmo exigió que toda actividad sexual se canalizara en el matrimonio, cambió el mundo. La prohibición de la Torá del sexo extramarital hizo sencillamente posible la creación de la civilización occidental. Las sociedades que no pusieron freno a la sexualidad frustraron su desarrollo. El dominio subsiguiente del mundo occidental puede atribuirse en buena medida a la revolución sexual iniciada por el judaísmo y después llevada a cabo por el cristianismo».[4] El matrimonio proporciona a la mujer seguridad y refugio, un lugar para criar a los hijos hasta que son adultos responsables que contribuyen al bienestar de la sociedad en vez de delincuentes que causan estragos. Proporciona al hombre una salida virtuosa a su energía sexual, un remedio que Dios le da para solucionar su inclinación pecaminosa a la promiscuidad sexual, a corromper el buen don divino, cuyas consecuencias provocan la desolación de una sociedad. El desenfreno sexual en todas sus formas es necedad y erosiona la estabilidad —no solo de las personas y familias, sino también de las comunidades y naciones.

El abandono de la Biblia como guía para la sexualidad significa descender a niveles cada vez más profundos de desviación (o aberración): adulterio, homosexualidad, confusión de género, bestialidad, y pedofilia. Considere algunas ofertas de medios procedentes de tres sociedades —la estadounidense, la inglesa y la alemana—, que se han alejado bastante de su antiguo hogar de herencia judeocristiana.

- Celebrando el adulterio —por ejemplo, en la serie televisiva de la ABC «Escándalo»[5]
- Aprobando la violación[6]
- Richard Dawkins defendiendo la pedofilia[7]

4 "Judaism's Sexual Revolution: Why Judaism (and then Christianity) Rejected Homosexuality," http://www.orthodoxytoday.org/articles2/PragerHomosexuality.php.
5 "A Little Scandal Never Hurt Anyone," Little Light Studios, 20 de noviembre, 2013, http://www.littlelightstudios.tv/little-scandal-never-hurt-one/.
6 Emaleigh Grantz, "Rap Music: Does It Promote a Rape Culture?," Prezi, 18 de abril, 2014, https://prezi.com/xdpblftain_b/rap-music-does-it-promote-a-rape-culture/.
7 Katie McDonough, "Richard Dawkins Defends 'Mild Pedophilia,' Says It Does Not Cause 'Lasting Harm,'" Salon, 10 de septiembre, 2013, http://www.salon.com/2013/09/10/richard_dawkins_defends_mild_pedophilia_says_it_does_not_cause_lasting_harm/.

- Aplaudiendo el incesto[8]
- Imponiendo una embestida transgénero[9]
- Considerando la bestialidad como una opción y estilo de vida[10]

¿Quiere usted vivir en un mundo en el que se considera normal la desviación sexual? ¿Quiere criar a sus hijos en una sociedad que les considera sexualmente disponibles? ¿Quién puede responder afirmativamente a estas preguntas? Pero ésta es la conclusión inevitable del abandono de una ética bíblica por lo que respecta al sexo.

Las normas de conducta de una sociedad inciden directamente en un tema relacionado, estimado por todos los seres humanos, como se ve en los documentos fundacionales de los Estados Unidos. Los fundadores de EE.UU. consagraron en la Declaración de Independencia la idea de que Dios ha dotado a todos los seres humanos derechos inalienables. Muchas personas manifiestan estar de acuerdo y, en efecto, protestan airadamente cuando perciben injerencias que menoscaban tales derechos, y, al mismo tiempo, niegan que sean norma absoluta. Pero sin normas, los derechos humanos no tienen sentido. Un momento de reflexión revela la incoherencia de dicha postura.

Los ataques del 11 de septiembre supusieron una conmoción para los posmodernos, quizá más que para ningún otro, porque pusieron de relieve la postura radical de los jihadistas contra la suya propia. Aviones reales chocaron contra edificios reales. Gente común y corriente perdió la vida. Como el hundimiento del «insumergible» *Titanic*, las torres gemelas —monumentos a la ingenuidad humana y a la realización técnica— se desvanecieron delante de nuestros ojos. Los ataques fueron un toque de atención a todos nosotros. Es difícil imaginar una refutación más clara contra los que

---

8 Charlotte Gill, "Disgusted By Incest? Genetic Sexual Attraction Is Real and On the Rise," The Telegraph, 9 de septiembre, 2016, http://www.telegraph.co.uk/women/family/disgusted-by-incest-genetic-sexual-attraction-is-real-and-on-the/.

9 Brendan O'Neill, "Ian McEwan Notes That 2 + 2 = 4 — Horrified, the LGTB Orwellians Make Him Take It Back," National Review, 11 de abril, 2016, http://www.nationalreview.com/article/433896/trans-activists-identity-politics-ian-mcewan-lgtb-orwellian-1984.

10 Matt Blake, "Bestiality Brothels Are 'Spreading Through Germany' Warns Campaigner as Abusers Turn to Sex with Animals as 'Lifestyle Choice,'" Daily Mail, 1 de Julio, 2013, http://www.dailymail.co.uk/news/article-23527779/Bestiality-brothels-spreading-Germany-campaigner-claims-abusers-sex-animals-lifestyle-choice.html.

pretenden que su mundo es lo que ellos hacen de él, que la realidad se define individualmente. Esta es otra manera de ilustrar la necedad de ignorar o negar la realidad como norma objetiva. ¿Quién no procura asistencia médica cuando padece físicamente? ¿Por qué vamos con una receta en mano a la farmacia y compramos medicamentos? ¿Por qué esperamos que la penicilina resulte eficaz? ¿Sobre qué base puede tener sentido tal expectativa sino en el hecho de que la penicilina funciona porque Dios dispuso que diera resultado?

La sabiduría llama a la gente a la realidad. Para que la vida florezca, la gente debe vivir en el marco de realidad que Dios ha creado, no en pos de la ilusión de lo que se imaginan que es la vida. Cuando las vidas de las personas están maltrechas y empobrecidas, suelen buscar una manera de mejorarlas. La sabiduría es el principal medio para reconstruir vidas y comunidades.

5

LA SABIDURÍA Y
SUS HERMANOS

Prepare
Lea Proverbios 2:1-6; 5:1-2; 30:1-4
¿Cuáles son las tres palabras que aparecen en cada pasaje?
¿Son sinónimos? ¿Por qué sí o no?
¿Cómo compararía usted estas tres palabras?

¿Quién ha sido la persona más inteligente de la historia? ¿Albert Einstein? ¿Stephen Hawking? ¿Marilyn vos Savant? Obviamente, podríamos mencionar mucha gente inteligente. Por lo general, admiramos a los genios. Al fin y al cabo, ¿quién no querría ser más listo?

Aunque la inteligencia es importante, Proverbios nos anuncia que la sabiduría es más importante que la inteligencia. En este capítulo, exploraremos tres palabras relacionadas en Proverbios y los otros libros de Sabiduría. Si no distinguimos estas palabras y su significado, podemos confundirnos, podemos ser sinceros y sin embargo estar confundidos.

En el libro de Proverbios la sabiduría siempre tiene relación con Dios. Es más, Proverbios afirma que el temor de Dios es el principio del conocimiento y de la sabiduría. Proverbios 2:1-6 (NVI) refiere los beneficios morales de la sabiduría:

93

Hijo mío, si haces tuyas mis palabras y atesoras mis mandamientos; si tu oído inclinas hacia la *sabiduría* y de corazón te entregas a la *inteligencia*; si llamas a la *inteligencia* y pides *discernimiento*; si la buscas como a la plata, como a un tesoro escondido, entonces *comprenderás* el temor del Señor y hallarás el *conocimiento* de Dios. Porque el Señor da la *sabiduría; conocimiento y ciencia* brotan de sus labios (énfasis añadido).

En este y otros pasajes, aparecen las palabras *conocimiento, entendimiento (o discernimiento)* y *sabiduría*. La frecuente proximidad e intercambio de estas palabras nos inducen a pensar que son sinónimos. Pero ¿lo son acaso? Si no lo son, ¿en qué difieren?

Las tres palabras están interconectadas pero no son sinónimos. Tienen cosas en común, pero al mismo tiempo, son distintas. En realidad, son jerárquicas: presentan un orden en sentido ascendente, como veremos.

El conocimiento tiene que ver con los hechos, con la obtención de datos e información. Una manera de captar lo que es el conocimiento es preguntarse, *¿qué declaran los datos?* Por ejemplo, digamos que usted da un paseo por el campo y se encuentra un palo peculiar. Ve que mide como un metro de largo y varios centímetros de diámetro. Lo recoge y percibe que es pesado, de donde infiere que está bastante verde y que ha sido cortado recientemente de un árbol. Este es un ejercicio de conocimiento, de recogida de hechos o datos.

El entendimiento tiene que ver con *cómo se puede usar ese conocimiento*. Dada las dimensiones del palo, y lo verde que está, puede deducir lo fuerte y flexible que será. Puede evaluar qué uso podría darle. «De aquí saldría una buena porra», podría pensar. O, «de aquí podría obtener una flauta».

Entonces puede aplicar sabiduría. La sabiduría se pregunta, *¿Cómo puedo aplicar este discernimiento?* Las decisiones que usted tome basadas en los datos de que dispone revelarán su sabiduría o su insensatez. Por una parte, si decide utilizar el palo como garrote para maltratar, demostrará insensatez por su parte. Por otro lado, si usa el palo para fabricar una flauta, o para crear belleza, revelará sabiduría. Crear belleza es imitar a Dios, Autor de todo lo bello. La sabiduría usa el conocimiento y el entendimiento para desarrollar belleza, verdad y bondad.

Lea

Lea Proverbios 4:19; 7:23; 24:22; 28:22.

¿Qué revelan estos versículos acerca del conocimiento?

Las palabras encierran significado. De hecho, la mayoría de ellas contienen un rango de sentidos o campo semántico. Esto es cierto por lo que se refiere a la lengua inglesa (lengua original de este libro), así como la hebrea (lengua original de Proverbios) y desde luego, la española. Ciertamente esto es aplicable a los términos *conocimiento, entendimiento y sabiduría.*[1]

Además, el sentido de una palabra es determinado por el contexto, y puede resultar difícil preservar su matiz en la traducción. Estas tres palabras hebreas tienen un significado similar, pero con importantes distinciones, como veremos.

---

1   He aquí las entradas de estos tres términos en un importante diccionario (R. Laird Harris, Gleason L. Archer Jr., and Bruce K. Waltke, *The Theological Wordbook of the Old Testament* [Chicago: Moody Press, 1980]).

Conocimiento: Aunque normalmente se obtiene por la experiencia, el conocimiento es también la percepción contemplativa que posee el hombre sabio (Prov. 1:4; Prov. 2:6; Prov. 5:2; Ecl. 1:18). Además del conocimiento de asuntos seculares, también se usa *yada* para la relación personal con lo divino. La palabra relacionada *da'at* es un término general para conocimiento, particularmente el de naturaleza personal, experimental (Prov. 24:5). También se usa para conocimiento o destreza técnica. Aparece junto con sabiduría y entendimiento, instrucción y ley. *Da'at* es la percepción contemplativa del hombre sabio (Prov. 1:4; Prov. 2:6; Prov. 5:2; Ecl. 1:18). También se usa la palabra para conocimiento moral.

Entendimiento: *Yada* generalmente define el proceso por el que uno obtiene conocimiento por medio de la experiencia con objetos y circunstancias. *Ben* es capacidad de valoración y visión perspicaz y se demuestra en el uso de conocimiento. Su principal uso es «entendimiento» o «intuición».

Sabiduría: Los usos de *hokma* cubren toda la gama de la experiencia humana. La sabiduría se ve en la destreza de la técnica de fabricación de vestiduras para el sumo sacerdote (Éxo. 28:3), artesanía para trabajar el metal (Éxo. 31:3, 6), así como la ejecución de tácticas en batalla (Isa. 10:13). La sabiduría es necesaria para los dirigentes de gobierno y jefes de Estado para la administración (Deut. 34:9; 2 Sam. 14:20), tanto los líderes paganos como los israelitas.

CONOCIMIENTO

Significados bíblicos. En Proverbios, el término hebreo más común para conocimiento es *yada*. Esta forma verbal (conocer) también incluye formas nominales que pueden significar «conocimiento», «percepción», o «discernimiento». Esta última acepción tiene el sentido de hacer una distinción: «Este sombrero es rojo, ese es verde» o, en el caso concreto de Proverbios: «Esta conducta es necia, esa conducta es sabia».

Webster's 1828. El diccionario Webster de 1828 define el conocimiento como «la clara y cierta percepción de lo que existe, o de verdad y de hecho». Una persona puede conocer una tremenda cantidad de datos, ser capaz de asombrar a los amigos con datos, o tener capacidad mental para memorizar largos fragmentos de literatura. Sin embargo, todo ese conocimiento sirve de poco si carece de discernimiento o sabiduría.

Una explicación más detallada sobre la diferencia entre conocimiento y entendimiento, explica C.S. Lewis en su ensayo Transposición, éste observa cómo estas diferencias se manifiestan en el reino animal. «Habrás notado que la mayoría de los perros no pueden entender cuando se les señala o apunta con el dedo. Si se les señala colocando un poco de comida en el suelo el perro, en lugar de mirar el suelo, huele los dedos. Un dedo es un dedo para él y eso es todo. Su mundo es todo hechos y no tiene sentido».[2]

Reflexione

Identifique a algún conocido que sabe muchos datos, que sabe muchas cosas.

¿Es esa persona inteligente? ¿Sabia?

¿Qué diferencia hay entre ser inteligente y ser sabio?

Con la tecnología moderna tenemos acceso a infinidad de hechos y datos. ¿Con qué fin?

---

2   C.S. Lewis, "Transposition" in *The Weigth of Glory and Other Addresses* (New York: Macmillan,1949) p.71. «Transpocisión» en *El Peso de la Gloria* (Madrid, Ediciones Rialph. Tercera edición, 2017).

El conocimiento tiene su origen en el mundo natural. Dirige comportamientos sin tener en cuenta la dimensión ética. No proporciona dirección para la vida. Por ejemplo, desde los días del experimento de Jacob con el cruce de ovejas (véase Gén. 30), los ganaderos han sabido cómo desarrollar híbridos. A partir de esos hallazgos, tenemos actualmente más de ochocientas razas de reses: las de Holstein producen más leche, las de Jersey menos leche pero más mantequilla, el ganado de Hereford y Angus destacan en la producción de carne, el Brahman puede resistir el frío, y así sucesivamente.

El conocimiento es útil, pero no responde a las cuestiones éticas de la vida. No nos dirige en términos de qué *debemos hacer*; solo nos dice lo que *podemos* hacer. Y por el mero hecho de *poder* hacer algo (porque tengamos conocimiento y entendimiento) no significa que *debamos* hacerlo. Los avances conseguidos en las ciencias biológicas en el siglo XXI son solo una dimensión que pone voz a la cuestión: *podemos, pero ¿debemos?* Algunos científicos están actualmente experimentando con híbridos humano-animales, experimentos que suponen embriones animales y células madre humanas. Por supuesto, el desarrollo tecnológico forma parte del mandato cultural,[3] pero eso no quiere decir que sea sabio todo desarrollo tecnológico concebible. O bueno.

ENTENDIMIENTO

El siguiente nivel en la triple combinación de palabras de Proverbios es el entendimiento. Este concepto incluye construir sobre el conocimiento, comprender lo que es importante. Se pregunta: ¿qué significa el conocimiento?

Lea
Lea Proverbios 3:5; 16:16.
¿Qué revelan estos versículos acerca del entendimiento?

3 El mandato de la creación y el mandato cultural son dos maneras de declarar la misma verdad. Uno enfatiza el tiempo de la comisión (dado en la creación), el otro la naturaleza de la comisión (crear cultura piadosa).

El entendimiento es una aptitud adquirida. Requiere instrucción. Hay que aprenderla. Nuestros cinco sentidos recogen información que pasa al cerebro. El entender cierta información no es tan intuitivo. No obstante, entender es mejor que conocer. El entendimiento lleva al discernimiento.

Por ejemplo, cuando uno contempla un cuadro, recaba primeramente información. Podría notar los colores, el estilo (moderno, posmoderno, los grandes maestros), el nombre del artista. Obtiene información. Acumula conocimiento acerca del cuadro. Uno se forma un criterio: *¿Es hermoso? ¿Me gusta?*

El entendimiento lleva esto hasta el siguiente nivel. ¿Qué movimiento hacia la virtud o el vicio puede surgir de este cuadro? ¿Me impele el artista hacia lo bueno? ¿O contribuye a la degradación? Los críticos de arte, en general, consideran que las pinturas de Picasso son fantásticas. Con toda seguridad, por lo que se refiere al estilo, su obra es admirable. Pero muchos de sus cuadros rebajan a la mujer. ¿Ve usted la importancia de aplicar entendimiento a su conocimiento?

Significado bíblico. *Ben* es una palabra hebrea que significa entendimiento: percibir, discernir, entender, conocer con la mente; perfecto entendimiento. El concepto hebreo de discernimiento no solo se ocupa de las ideas, sino también, en el caso de Picasso, de la belleza. Contemplo cuadros de Picasso que exhiben un estilo espectacular. Es considerado un maestro. ¿Y qué puedo hacer con este conocimiento? Tengo que entender que Picasso trató desconsideradamente a la mujer. La degradó en su obra. Reconocer esto es llegar a entender o percibir lo que trasciende al conocimiento. El entendimiento añade un valor profundo al conocimiento. De hecho, sin entendimiento, el conocimiento es de escaso provecho. El conocimiento me permite plantar un huerto, reparar una bicicleta o planear un viaje. Estas cosas son importantes. Pero el conocimiento sin entendimiento reduce seriamente el alcance y la repercusión de la vida humana. El entendimiento traslada a la persona más allá de lo visible, la introduce en la imprescindible dimensión metafísica de la vida.

Webster's 1828. El diccionario que hemos escogido define el entendimiento de esta manera: «Comprender la situación real de las cosas presentadas; discriminar la verdad o falsedad, el bien o el mal». Si uno conoce la verdad sobre la idea que tiene Picasso de la mujer, más allá del estilo y el valor monetario (determinado por el mercado), puede decidir acertadamente si va a refrendar o no su obra. Como veremos a continuación, la sabiduría —la aplicación moral (o piadosa) de la verdad— suscita la cuestión sobre la adquisición del cuadro. ¿Por qué? Porque hacerlo significa apoyar, o más bien, abrazar la denigrante opinión de Picasso sobre la mujer.

He aquí otra perspectiva de la diferencia que hay entre el conocimiento y el entendimiento. En su ensayo «Transposición», C. S. Lewis observa cómo se manifiesta esta diferencia en el reino animal. «Usted habrá notado que la mayoría de los perros no entienden las indicaciones. Si señala un poco de comida en el suelo, el perro en vez de mirar el suelo, le huele el dedo. Un dedo es un dedo para él, y eso es todo. Todo su mundo son datos sin ningún significado».[4]

Reflexione

¿Qué relación hay entre conocimiento y entendimiento?

¿Qué aporta el entendimiento a la información y al conocimiento?

¿Qué se necesita para que el entendimiento cumpla su función?

El entendimiento ayuda a captar el sentido o la importancia de los datos. Para traducir la información a entendimiento es necesario tener puntos de referencia verdaderos.

Hace años, mi esposa Marilyn y yo vivimos en el chalet Betania de la Comunidad L'Abri en Suiza. Por ese tiempo hospedamos en nuestra casa al químico-físico Charles Thaxton. El Dr. Thaxton es bien conocido por su labor en el Discovery Institute. Él acuñó la expresión *designio inteligente*.

Una tarde fui a la habitación de Charles y me lo encontré mirando fijamente hacia el techo. Le pregunté qué le pasaba. Me contestó que toda su vida había tenido las respuestas, pero no las preguntas. A L'Abri acudían personas de todo el mundo y de distintos orígenes.

---

4   C. S. Lewis, "Transposition," en *The Weight of Glory and Other Addresses* (New York: Macmillan, 1949), 71. «Transpocisión» en *El Peso de la Gloria* (Madrid, Ediciones Rialph. Tercera edición, 2017).

Llegaban con muchas preguntas en su búsqueda de la verdad. En ese ambiente internacional, Charles se dio cuenta de que tenía respuestas a cuestiones que otros se planteaban pero él no se había hecho. Ese fue un momento *Aja* para el Dr. Thaxton. Como doctor en ciencias, tenía mucho conocimiento pero no entendía la importancia de éste en su relación práctica con las cuestiones acuciantes de la actualidad.

Para que el entendimiento lleve a cabo su labor es necesario distinguir entre verdades y mentiras, lo bueno y lo malo, lo bello y lo horrible. Muchos, quizás la mayoría de la gente pasa por la vida sin reconocer lo importante que es hacer estas distinciones. No toda pretensión a la verdad es igualmente válida. No toda afirmación acerca de la belleza ha de ser tomada al pie de la letra. A menudo se espera de nosotros que asumamos equivalencia moral entre sistemas opuestos como si no hubiese diferencia real entre el bien y el mal.

SABIDURÍA

Todo esto nos lleva al asunto de la aplicación moral de la verdad. ¿A cómo aplicar la verdad en nuestra vida?

Lea
Lea Proverbios 3:19; 8:11; 9:10; 24:3.
¿Qué revelan estos pasajes acerca de la sabiduría?

La sabiduría es activa. No se limita a contemplar. La sabiduría creó el universo. Es el artífice divino.

Un amigo me contó hace poco la siguiente historia que ilustra el aspecto que ofrece de la sabiduría activa:

El hermano de mi padre, quien tenía noventa años, acababa de fallecer. Él fue uno de mis tutores. En su funeral uno de sus nietos dijo que el principio rector que guió su vida, y que intentó inculcar a sus hijos, nietos y a toda su familia, fue el mandamiento: «Honra a tu padre y a tu madre... para que te vaya bien sobre la tierra...». Él quería que sus hijos supieran lo que significaba que les fuera bien. Pero honrar no quiere decir simplemente respetar sus ideas, sino vivir la clase de vida que él vivió. Ser amable con los demás, no tenerse por más que ellos. Su sabiduría fue activa.

Moisés oró en las postrimerías de su vida: «Enséñanos de tal modo a contar nuestros días, que traigamos al corazón sabiduría» (Sal. 90:12). Esto es anhelar de corazón la sabiduría activa.

Significado bíblico. La palabra hebrea *chokmah* significa sabiduría, esto es, capacidad para comprender y destreza para vivir, lo que implica adhesión a una norma establecida.

Lea

Lea Deuteronomio 4:6 y 1 Reyes 4:34; 5:7; 10:6-9.

¿Qué revelan estos pasajes acerca de la sabiduría?

Antes leímos que «el temor del Señor es el principio de la sabiduría». De aquí deducimos que la sabiduría radica en la reverencia y la adoración a Dios. Comienza con la adoración a Dios y pasa a la acción. La reina de Sabá hizo un viaje épico para conocer a Salomón, considerado el hombre más sabio de su tiempo. Por los actos de Salomón y de sus siervos ella fue testigo de una exhibición de sabiduría. El efecto de la sabiduría fue su recién descubierto temor de Dios.

Si vivimos según estos preceptos, las naciones verán quién es Dios y le honrarán.

Webster's 1828. Según el diccionario Webster, la sabiduría es «el recto uso o ejercicio de conocimiento». Una acepción relacionada afirma que «la prudencia es el ejercicio de buen juicio o criterio para evitar el mal; la sabiduría es el ejercicio de buen criterio para evitar el mal e intentar hacer el bien».

Note aquí el matiz entre el efecto de la prudencia y el de la sabiduría. La persona que practica la prudencia evita el peligro. Si usted camina por una senda después de una tormenta y ve una rama en el suelo, la prudencia le aconseja dar un rodeo para evitar tropezar y caer. La prudencia llega hasta ahí: por ella se evita el mal. Pero la sabiduría va más allá e intenta hacer el bien a otros. La prudencia esquiva la rama; la sabiduría la retira para que otros no tropiecen.

Tabla 1. Sentidos, mente, voluntad

Uso de facultad	Naturaleza	Español	Hebreo	Griego
Los sentidos— ¿qué declaran?	Conocimiento— datos y hechos	Percepciones de lo que existe, datos	Discriminan, distinguen	Conocen, reconocen exactamente
La mente— ¿qué significa?	Entendimiento— sentido	Comprensión, concepción	Discernimiento, intuición	La mente como facultad del entendimiento
La voluntad— ¿cómo aplicarla?	Sabiduría— aplicación	Prudencia, discreción	Prudencia, aptitud	Uso del conocimiento observando el orden/designio divino

Hemos estado pensando en la sabiduría y sus «hermanos», el conocimiento y el entendimiento. La tabla resume lo que hemos hallado. El conocimiento responde a las preguntas *¿qué declaran los sentidos? ¿Cuáles son los datos?* La palabra en español connota percepciones, lo que equivale a decir que el conocimiento trata de lo que percibimos. El término hebreo lleva esto en la dirección de distinguir, discriminar adecuadamente entre dos o más datos.

El entendimiento lleva el conocimiento al nivel de la mente. Es decir, habiendo percibido (por la vista, el sonido, el tacto, el oído o el gusto) qué sea este dato o conjunto de datos, significa que con el entendimiento comprendemos lo que hemos percibido. La palabra hebrea enfatiza el discernimiento, el buen criterio o intuición respecto a estos datos.

La sabiduría es la aplicación del entendimiento. Esta palabra hace referencia a la prudencia o la discreción. La palabra hebrea también alude a la prudencia e incluso a la destreza. La sabiduría es práctica. Activa. Marca verdadera diferencia en las decisiones de la vida cotidiana.

Reflexione

¿Qué porcentaje de su tiempo dedica a lo siguiente?

- uso de la electrónica o procesamiento de datos.

- adquirir entendimiento (p. ej. a usar su conocimiento para decidir qué es y qué no es importante en su vida).

- sabia reflexión y toma de decisiones para que su vida avance hacia el florecimiento.

¿Cuánto piensan usted y sus amigos en estos temas?

Haga una reflexión creativa (escriba una carta, poema, canción, etc.) sobre lo que ha aprendido acerca del conocimiento, el entendimiento y la sabiduría.

¿Por qué es importante para su vida lo que ha aprendido?

¿Qué va a hacer con lo que ha aprendido?

6

LA SABIDURÍA, EL HERMANO PREEMINENTE

Algunos griegos famosos de la antigüedad dijeron muchas cosas sobre el conocimiento, el entendimiento y la sabiduría. Aristóteles enseñó acerca de la adquisición de conocimiento y el uso de los *sentidos* para examinar el entorno y recabar datos. Tan importante como esta observación es el uso de la mente o la razón para ordenarlos e interpretarlos. A esto contribuyó Platón.

EL GRAN DEBATE

Rafael fue un pintor y arquitecto italiano del Renacimiento. Su famoso cuadro *La escuela de Atenas* refleja algunos detalles curiosos que captan la diferencia entre las ideas de Platón y las de Aristóteles. Fíjese en el recuadro (fig. 5) que aumenta la sección en la que estos dos filósofos griegos ocupan el centro de la escena.

Note sus manos derechas. Platón señala hacia arriba, hacia el cielo. Él quería entender el sentido de las cosas. Se centraba en la filosofía (contrariamente al enfoque de Aristóteles en el conocimiento por medio de los sentidos). Platón dijo que detrás de cada dato está la idea de una cosa. Detrás de una silla está la idea de la silla. Lo que importa no es una silla concreta sino el concepto de silla. Platón fue padre del idealismo. Él creía en la naturaleza trascendente de la verdad, y en la virtud asociada del razonamiento. La filosofía de Platón dio cabida para una realidad más allá de los sentidos, que trascendía el espacio y el tiempo. Para él la bondad, la verdad y la belleza estaban más allá de este mundo.

La mano de Aristóteles está extendida hacia adelante y sus dedos en posición horizontal. Rafael quiso indicar con este ademán de Aristóteles que él es el padre del realismo. Al contrario del hincapié que hace Platón en la filosofía y el sentido, Aristóteles enseñó la importancia del conocimiento, la preeminencia de los datos. Dio inicio al método científico. Para él la verdad era factual, no trascendente. Lo que sabemos a partir de los cinco sentidos constituye lo que es importante. A diferencia de la enseñanza ultramundana de Platón, Aristóteles se ocupó de este mundo. Atendió a la naturaleza práctica de la verdad descubierta por los sentidos. Le importó el mundo «sólido» y material.

Durante varios siglos Platón se mantuvo a la cabeza del debate. Pero con el advenimiento de la Ilustración, la balanza se inclinó hacia Aristóteles y se afirmó el método científico. Recuerde la tabla del capítulo anterior. Aristóteles representa las primeras celdas horizontales, el conocimiento adquirido a través de los sentidos.

Actualmente nuestras vidas se desenvuelven en una narrativa darwinista. Todo estudiante de enseñanza pública occidental, desde la escuela elemental a la universidad, es influido por el evolucionismo, intento de explicar los hechos del universo sin contar con Dios. La generación espontánea intenta explicar el cómo, pero no se ocupa de las grandes cuestiones metafísicas. En un universo sin Dios no hay propósito alguno. Estamos aquí por accidente. Ni las cosas ni la vida personal tienen sentido.

Por supuesto, los ateos no pueden vivir ni asumir las repercusiones que implica esta cosmovisión. Viven como si su vida tuviese sentido. Actúan como si el amor fuese genuino; se preocupan de sus familias, lamentan la pérdida de sus amigos. También juzgan a la gente conforme a alguna norma ética. Hay que vivir de tal forma. Al fin y al cabo, los datos sin sentido desembocan en el caos y estimulan la anarquía. Y como ninguna sociedad puede soportar la anarquía, la gente se entrega al consumo de estupefacientes o se divierte embotando sus sentidos contra la esperanza.

TIENEN OJOS PERO NO VEN

Prepare
Lea el Salmo 115:4-8; Habacuc 2:18-20; Isaías 44:9-20.
¿Qué caracteriza a los dioses erigidos por el hombre?
¿Qué naturaleza tiene la gente que inventa sus propios dioses?
¿Qué significa que la gente llega a asemejarse a los dioses que conciben?
¿Qué sucede cuando la tecnología se convierte en ídolo al que dedicamos nuestro tiempo y energía?

Muchas personas tienen ojos perfectamente sanos y sin embargo son incapaces de dar sentido a lo que ven. Es decir, tienen ojos pero no ven. Conocen pero carecen de entendimiento.

Es muy común ver sin entender. A cierto nivel todos lo hacemos cada día. Ello se debe a la tendencia humana a clasificar mentalmente las experiencias humanas en categorías que algunos autores denominan «paradigmas». En 1989, el futurista Joel Barker produjo el video formativo «El negocio de los paradigmas», en el que sostiene que la tendencia a ver la vida en paradigmas hace que lo obvio resulte invisible. Por ejemplo, un científico escruta una muestra en el microscopio y no acierta a ver la evidencia que tiene delante de sus ojos porque ésta no encaja en el marco preconcebido —su paradigma— en que se apoya su trabajo.

No solo los científicos hacen esto. Mi esposa Marilyn trabajó muchos años como enfermera de partos y alumbramientos en un hospital de Phoenix. Un día la llamaron a la sala de emergencias para atender a una madre con un parto prematuro. Desgraciadamente, el bebé nació muerto. Lo sorprendente fue lo que sucedió en el momento del nacimiento. Una enfermera de la plantilla de la sala de emergencias, según parece, nueva en labores de obstetricia, exclamó: «¡Dios mío!, es un bebé». Por supuesto, a todas las enfermeras se les enseña el desarrollo del feto. Pero la distorsión de la cultura abortiva moderna parecía haber invalidado la formación de esa mujer. Había creído que lo que una mujer lleva en su vientre era «tejido», un «producto de la concepción». Se sorprendió al participar en el parto de un bebé real.

Supuestos ateos aparte, hay un sentido trascendente. La verdad, la bondad y la belleza —y, por supuesto, los bebés humanos— son reales.

ENTENDIMIENTO

El entendimiento usa la mente para descubrir lo que es importante y lo que es trivial. Proporciona un contexto que da sentido a los datos. Pero, ¿de qué le sirve a uno entender algo y apartarse sin aplicar la lección oportuna?

El libro de Santiago utiliza una parábola para ilustrar este punto: «Si alguno es oidor de la palabra pero no hacedor de ella, éste es semejante al hombre que considera en un espejo su rostro natural. Porque él se considera a sí mismo, y se va, y luego olvida cómo era. Mas el que mira atentamente en la perfecta ley, la de la libertad, y persevera en ella, no siendo oidor olvidadizo, sino hacedor de la obra, éste será bienaventurado en lo que hace» (Stgo. 1:23-25).

Entender y no actuar apoyándose en el conocimiento de los datos es carecer de sabiduría. La sabiduría se basa en la voluntad para tomar decisiones.

SABIDURÍA

Como hemos visto, de los tres «hermanos», la sabiduría es el preeminente. La sabiduría recurre a la voluntad para escoger el bien moral, para hacer lo justo y verdadero. De poco sirve conocer datos a menos que uno entienda lo que significan. Del mismo modo, y a un nivel más profundo, sirve de poco tener entendimiento si éste no se aplica.

El corazón de la sabiduría consiste en hacer lo bueno, hablar la verdad y crear belleza. La insensatez es escoger hacer el mal, hablar mentira y crear lo banal y detestable. Sabiduría es escoger vivir en la realidad, vivir dentro del orden cósmico. Necedad es decidir rebelarse contra la realidad e intentar vivir en un mundo ilusorio creado por la propia imaginación.

Pirámide epistemológica

Sabiduría
Entendimiento
Conocimiento
Información
Datos – Los archivos
Bytes – Las palabras en los archivos
Bits – Las letras en los archivos

Bytes: Unidad pequeña de información.
Bits: Unidad mínima de información.

Fíjese en la pirámide del gráfico (fig. 6). Representa niveles de conocimiento humano. En el fondo, el nivel más básico, están los «bits» (del inglés, pizca, porción), palabra usada para indicar una pequeña cantidad de cualquier cosa, pero en la era de las computadoras ha venido a significar la cantidad básica de información en el lenguaje computacional (también conocida como dígito binario). Se pueden comparar los bits con las letras que forman las palabras.

Un nivel superior al de los bits es el «byte». En lenguaje computacional, un byte son ocho bits, procesados por las computadoras como una unidad. Un byte es comparable a una palabra. Los bytes crean archivos, o datos, y la recolección de datos es información. Solo después de ese nivel llegamos al conocimiento, luego al entendimiento, y finalmente, a la sabiduría.

Reflexione
Piense en la figura 6 como una tabla para medir en qué se centra su sociedad.
¿En qué niveles ponen el foco sus contemporáneos?
¿En qué niveles pone el foco la comunidad de su iglesia?
¿En qué niveles hace usted hincapié mayormente?

Probablemente podemos afirmar con seguridad que actualmente en Occidente la mayoría de nosotros opera normalmente en el nivel de la información. Dedicamos muchísimo tiempo a manejar datos. Algunos, incluso a bits y bytes. Estamos abrumados de información y a veces ni nos preocupa que sea verdadera o falsa. A veces nuestra vida solo está moldeada por la información. Pasamos horas ante las computadoras y los dispositivos portátiles. Buscamos información constantemente, pero cuán a menudo nos preguntamos: «¿qué sentido tienen estos hechos?». Y más rara vez aún llegamos al nivel superior de la sabiduría para preguntarnos: «¿qué voy a hacer con esta información?». Nos dejamos influir profundamente por nuestra cultura. Disponemos de un montón de datos, de un tremendo caudal de información, con escaso entendimiento y menos sabiduría.

Los pastores eficientes señalan el libro de Proverbios a sus congregaciones. ¿Qué dicen los datos? ¿Qué significan? ¿Cómo hemos de tomar decisiones sabias?

Reflexione

¿De qué manera práctica puede usted esta semana hacer lo siguiente?

- Decir la verdad

- Hacer el bien

- Crear belleza

NATURALEZA DE LA SABIDURÍA

Prepare

Lea Job 28:24; Salmos 139:11-12; Hebreos 4:13; Apocalipsis 2:23

¿Qué revelan estos pasajes acerca de la amplitud de la sabiduría de Dios?

¿Por qué puede esto ser importante?

Proverbios tiene mucho que decir acerca de la naturaleza de la sabiduría. Ante todo, la sabiduría procede de Dios. Un autor lo ha expresado de este modo: «La sabiduría personificada hace hincapié en el involucramiento divino en el mundo... La figura de sabiduría es Dios mismo ».[1] Cuando leemos (por ejemplo, en Proverbios 8) de la sabiduría en primera persona, leemos acerca de Dios. El reinado de Dios es universal. Cubre toda la creación.

Los anteriores versículos se podrían resumir así: «No hay nada que escape al escrutinio y al juicio de Dios».

LA SABIDURÍA COMO CUALIDAD MORAL

Muchas personas creen que la sabiduría es una cualidad intelectual relacionada con la función cognitiva o mental, quizás superior al intelecto pero en la misma categoría. Más que mera inteligencia, «genialidad». Pero habiendo leído hasta aquí, usted no dudará en reconocer el error de esta asunción. La sabiduría es una cualidad

---

1   E. J. Schnabel, "Wisdom," en New Dictionary of Biblical Theology, ed. T. Desmond Alexander and Brian S. Rosner (Downers Grove, IL: Inter Varsity Press, 2000), 845.

moral. Aplica principios a los aspectos prácticos de la vida, no se queda en lo abstracto o lo teórico.

Una manera de observar el efecto que produce la sabiduría en la vida de una persona implica un concepto abordado en el capítulo 1, la trinidad cultural. Esta expresión se usa para definir el modelo tripartito del plan de Dios para la creación: verdad, bondad y belleza. Vemos estas tres en la sabiduría. Vemos bondad en la obediencia de la sabiduría a la ley moral. La sabiduría también actúa para discriminar lo hermoso de lo abominable, entre la verdad y la falsedad.

Hemos comentado la diferencia entre la inteligencia y la sabiduría. Cuando Gary estudiaba en el colegio celebramos una asamblea escolar en la que se presentó un hombre que había memorizado todo un catálogo de un importante minorista, un volumen de unos cuatro centímetros de grosor. Distribuyó unas cuantas copias del catálogo y nos instó a consultar cualquier artículo que quisiéramos solicitar. Él daba en seguida el número de página correcto. Lo intentamos todo: tazones, rastrillos, tijeras, pero no pudimos pillarle. No fue una lección objetiva que sirviera de introducción a un asunto más significativo; fue toda su actuación. Después de unos cuarenta y cinco minutos de preguntas y respuestas, se clausuró la asamblea. Probablemente, recogió sus catálogos y se fue a visitar otro centro educativo. Es difícil imaginar una ilustración más clara entre inteligencia y sabiduría.

Tendemos a clasificar la sabiduría en una categoría superior a la inteligencia. Pero es un error. La sabiduría transciende la inteligencia. Es una cualidad moral. La sabiduría modela la práctica a partir de un principio. Reconoce la verdad y la aplica a la vida. Comprende la naturaleza y trata de crear cosas y ambientes hermosos. Aprehende lo bueno y va en pos de la justicia. Muchas personas en el ámbito académico pasan del principio a la abstracción; la sabiduría toma el principio y lo aplica.

¿Ha conocido usted a alguna persona sabia a pesar de su escasa educación formal? Yo me acuerdo de mi suegro. Fue un granjero en Nebraska durante toda su vida adulta. Se me pidió pronunciar unas palabras en su funeral. He aquí un fragmento:

Alguien ha dicho que si se desea saber el estado espiritual de un hombre no hay nada más que mirar a su familia. No son perfectos, como tampoco era él perfecto, pero lo mismo que él, la suya es una familia sana, sólida como un granjero de Nebraska... Así fue Bill: un hombre íntegro, sólido, fuerte, el hombre a quien recurrir en una crisis. Un hombre que comprendía el valor de las personas. Mira en derredor y verás la influencia de Bill Hansen. La riqueza no se contabiliza en oro o títulos de bolsa, los cuales un día se consumirán. Bill comprendió que las personas importan porque son eternas. Él invirtió su vida en las personas... Fue un granjero de Nebraska y nunca tuvo motivo para disculparse por ello ni pretendió ser otra cosa... Sus amigos y vecinos, sus hijos y sus nietos, y su esposa durante cincuenta años, tienen mucho que degustar de su vida, han de transmitir a otros que vendrán parte de la bendición que recibieron al conocerle. Esto es legado.

Lea

Lea Proverbios 9:10; Job 28:28; Salmos 111:10.

¿Dónde comienza la sabiduría?

¿Qué significa esto?

LA SABIDURÍA COMIENZA CON EL TEMOR DE DIOS

Si bien se piensa, tiene sentido que la sabiduría no comience en un ambiente académico, puesto que es una virtud moral. Así pues, ¿dónde comienza la sabiduría? ¡Con el temor de Dios! La reverencia al Creador es el principio de la sabiduría.

No es simplemente temer en el sentido de «tener miedo a», sino temor en el sentido de «asombro, maravilla, respeto».[2] El temor es un estado de piedad y de respeto hacia un superior. Dios es

---

2 La palabra hebrea se define como sigue: *Yirâ*. Cuando Dios es objeto de temor, el acento de nuevo recae en el asombro o la reverencia. Esta actitud de reverencia es la base de la verdadera sabiduría (Job 28:28; Sal. 111:10; Prov. 9:10; Prov. 15:33). En efecto, la frase establece el tema del libro de Proverbios. Se usa en Prov. 1:7, reaparece en Prov. 9:10 y en otros doce versículos. El temor de Dios es aborrecer el mal (Prov. 8:13), fuente de vida (Prov. 14:27), tiende a la vida (Prov. 19:23), y prolonga la vida (Prov. 10:27). Muchos pasajes relacionan este temor de Dios con la piedad y la vida justa: motiva a la vida piadosa (Jer. 32:40). El temor de Dios mueve a ocuparse de los extranjeros (Gén. 20:11). Regir justamente es regir en el temor de Dios (2 Sam. 23:3). El temor del Altísimo no retiene la amabilidad a los amigos (Job 6:14). Los abusos económicos contra los compatriotas judíos eran contrarios al temor de Dios (Neh. 5:9). El temor de Dios aparta a los hombres del mal (Prov. 16:6). (R. Laird Harris, Gleason L. Archer Jr., and Bruce K. Waltke, The Theological Wordbook of the Old Testament [Chicago: Moody Press, 1980]).

bueno. Su sabiduría sobrepasa todo entendimiento. Nos postramos sobrecogidos. Si somos sabios, no podemos comenzar con nosotros mismos; hemos de empezar con Quien es mayor que nosotros. La sabiduría comienza con el temor del Señor. Es una disposición a vivir en la realidad del orden del Creador.

Lea
Lea Proverbios 9:10; 14:26-27; 15:33; 19:23.
Si desea ser sabio, ¿dónde debe comenzar?
¿Qué significa para usted la frase «la sabiduría comienza con el temor de Dios»?

LA SABIDURÍA ES COMPREHENSIVA

La sabiduría toca cada esfera de la vida. Como Creador, Dios hizo todo lo que hay. Cuida y gobierna todas las cosas. Y, como corresponde, su sabiduría es completa. Proverbios recoge en un libro la esencia de lo que es necesario para andar sabiamente, y prosperar en la vida.

También es necesario ver cómo encaja Proverbios en el conjunto de la revelación. ¿Qué función desempeña en el plan redentor general de Dios? El autor principal de Proverbios fue Salomón, hombre de reputación transnacional. Conocido como el hombre más sabio de su tiempo. No obstante, casi mil años después, vendría Uno que reivindicaría: «He aquí uno más que Salomón en este lugar» (Lucas 11:31). Lo que Salomón puso por escrito, Jesús de Nazaret vivió en la carne. Proverbios resume la sabiduría personificada en Jesús, identificada por Pablo como «sabiduría de Dios» (1 Cor. 1:24).

La sabiduría adopta perspectivas del estudio de la creación, la Palabra de Dios y la naturaleza misma de Dios y las aplica a la vida en general.

Ya mencionamos a Elizabeth Youmans en capítulos anteriores. Su programa AMO,[3] fue desarrollado a partir de una filosofía educativa basada en la idea de que la Biblia es un manual para la vida. Sin este enfoque, la educación moderna se asienta en la mentira de

---

3 AMO es acrónimo de «Apacienta mis ovejas» en las lenguas romance. Véase https://www.amprogram.com.

que no hay Dios, ni verdad, ni belleza, ni bondad... que la vida es, simplemente. O, en la jerga contemporánea, es lo que es. Tal mentalidad prepara a la gente para ser insensata. Son palabras duras, pero esta cosmovisión priva a la gente del contexto necesario para ser sabios. La Biblia es la gran historia redentora de Dios, que sirve como guía para la vida, señala al lector la dirección para dar con la sabiduría y el florecimiento. Contiene principios que influyen y tienen consecuencias para la vida. «Te haré entender, y te enseñaré el camino en que debes andar; sobre ti fijaré mis ojos» (Salmos 32:8).

Lea

Lea Éxodo 31:1-6; Proverbios 1:1-6; Deuteronomio 4:5-8.

¿Cómo enseñan estos versículos la viabilidad de la sabiduría?

LA SABIDURÍA ES PRÁCTICA

He aquí lo que descubrimos acerca de la naturaleza práctica de la sabiduría. Éxodo 31:1-6 indica que Dios concede a las personas destrezas y capacidades especiales. Concede al artesano lo que necesita para diseñar y construir muebles hermosos y al mismo tiempo funcionales. Esto es cierto para todas capacidades y formas de creatividad humana. La sabiduría permite aplicar capacidades y competencias de manera que guíen nuestra vida y la comunidad, en general, al florecimiento.

SABIDURÍA Y AUTOGOBIERNO

Proverbios 1:1-6 muestra que la sabiduría confiere a los seres humanos una capacidad de gobierno personal. Proporciona a la persona normal las aptitudes necesarias para triunfar en la vida. La sabiduría es lo más importante que se puede obtener para sortear las dificultades de la vida y prosperar en un mundo caído.

La sabiduría condujo a los puritanos a articular una cultura de administración que, al ser aplicada, produjo abundancia para su comunidad y nación. La misma sabiduría permitió a los reformadores y a los puritanos estudiar las Escrituras y discernir principios educativos que guiaron a naciones enteras a su alfabetización y formación y condujeron a la fundación de las grandes universidades de los Estados Unidos, como Harvard, Yale y Dartmouth.

LA SABIDURÍA Y EL GOBIERNO NACIONAL

Deuteronomio 4:5-8 alude al gobierno nacional. En las naciones a las que Dios les enviaría, su pueblo sería conocido por su capacidad de buen gobierno. Esto sería su don de sabiduría. Los que gobiernan necesitan la sabiduría de Dios y de su orden.

La sabiduría es fundamental para instaurar la paz y la justicia social, la prosperidad económica y la salud física entre los ciudadanos de una nación. Las decisiones de comunidades y naciones dependen de sus líderes. Si estos gobiernan disparatadamente, el país se debilitará y decaerá. Si los líderes gobiernan sabiamente, la nación prosperará.

La sabiduría aplica verdad, belleza y bondad por medio de conocimientos técnicos y artísticos al gobierno de las cosas materiales, familias, comunidades y naciones. Dondequiera que uno ve orden y belleza, paz y tranquilidad, virtud y justicia, salud y prosperidad, ve aplicada la sabiduría.

Reflexione

¿Cómo podemos los ciudadanos influir en el gobierno local y regional para promover decisiones sabias que conducen al florecimiento nacional?

¿Cómo pueden los individuos usar la sabiduría para hacer el máximo cambio posible en nuestras esferas de influencia?

¿QUÉ ES MÁS VALIOSO QUE LAS COSAS MATERIALES?

Prepare

Lea Salmos 119:72, 127; Proverbios 3:13-15; Salmos 19:10; Proverbios 8:10-11; 16:16.

Según estos pasajes ¿qué cosas son más preciosas que las cosas materiales?

¿Qué otra cosa cree usted que es más importante que las cosas materiales?

¿A qué conceden máximo valor las sociedades actuales?

¿Cómo cree usted que influyen en su vida los valores de la cultura actual?

Pensemos en la necesidad de aplicar este material sobre la preeminencia de la sabiduría. La gobernanza (dominio) —ya sea de uno mismo, ya de un país— exige disciplina. La aplicación de la gobernanza de la sabiduría incluye gratificación retardada. ¡Cuán profundamente necesaria es esta virtud en nuestras culturas modernas obsesionadas con las cosas materiales! Demasiadas personas viven para visitar tiendas, acudir a los centros comerciales, para consumir. Nos vemos obligados a alquilar espacio para guardar todo lo que compramos en las galerías comerciales y no usamos. Nuestros juguetes no nos acercan a la sabiduría, nos acercan a la información.

Asistimos a clase en la universidad y tomamos notas mientras disertan los profesores. Nos examinamos para descubrir cuántas enseñanzas del profesor recordamos. Pero, ¿tenemos herramientas para preguntarnos si es verdad lo que él dice? No contamos con tales herramientas, mayormente porque no se nos enseña a pensar según estas premisas.

A menudo nos metemos en problemas a causa de no aplicar sabiduría. No hemos practicado la costumbre de cultivarla. Son situaciones de la vida real. Acarrean toda suerte de pobreza y esclavitud. Reflejan la necedad de ignorar la enseñanza de Dios sobre la sabiduría. Haríamos bien en escuchar y observar esta enseñanza y no ignorarla.

7

SABIDURÍA MUNDANA VERSUS SABIDURÍA DIVINA

Suponga que invita a un grupo de amigos a una cena compartida. Y pide a cada uno que lleve algo: verduras, pan, ensalada y postre. Pero cuando ellos se presentan resulta que esa ensalada no es la que usted esperaba. Se imaginó que tendría lechuga, tomate, pepino y zanahoria rallada. Pero la ensalada con la que se presentan es de macarrones con salsa y mayonesa. ¿Cómo pudo esto suceder? Porque la ensalada puede incluir distintos ingredientes. En este caso usted quiso decir, «traigan por favor una ensalada de verduras», pero su amigo entendió «traigan una ensalada de macarrones». A veces las palabras necesitan ser clarificadas.

De eso trata este capítulo. Lo que es cierto respecto a una ensalada es también verdad para la sabiduría. Lo que mucha gente piensa al oír la palabra sabiduría es muy distinto de lo que quiere decir Proverbios cuando hace uso del término (o para ser más específicos, *chokmah*).

Proverbios habla de lo que llama «sabiduría mundana». Esto hace referencia a una noción equivocada de la sabiduría. Primeramente, desenvolvamos la idea de sabiduría mundana. Después comentaremos el principio de la sabiduría tal como Dios lo define y la personificación de la misma.

SABIDURÍA MUNDANA

Prepare
¿Cómo definiría usted la sabiduría mundana?
¿En qué se diferencia de la sabiduría piadosa?
Lea Isaías 5:20-21; Proverbios 17:15; Romanos 1:28-32; 1 Corintios 1:18-25.
¿Qué revelan estos pasajes acerca de la naturaleza de la sabiduría piadosa?
¿Dónde ve usted que opera esto en su cultura?
¿Cómo se ve usted influido por estas tendencias?

Al hablar de «sabiduría mundana» ¿de qué estamos hablando? Algunas personas usan esta expresión como sinónimo de sofisticación, como en: «Es un tipo realmente gentil. Tiene mucha sabiduría mundana». Pero aquí usamos la expresión de forma distinta. Por «sabiduría mundana» queremos decir la sabiduría humana que se levanta en contra a la sabiduría que procede de Dios.

La sabiduría mundana es una ilusión. No existe en modo alguno. Es insensatez disfrazada de sabiduría. Es una elegante vitrina sin virtud, reflejo de posición sin propósito. No hay tal cosa como sabiduría aparte de Dios.

Con todo, los efectos de la sabiduría mundana son muy reales. Tal sabiduría lleva a la destrucción. Lleva al insensato a un destino no deseado. Proverbios nos muestra esto una y otra vez.

LA SABIDURÍA PIADOSA VERSUS LA SABIDURÍA MUNDANA

Ya debería ser evidente el contraste entre la sabiduría mundana y la sabiduría piadosa. La verdadera sabiduría deriva de la revelación, de la auto-revelación de Dios tanto en la creación como en las Escrituras. He aquí otra distinción: la sabiduría piadosa entraña revelación y razón. La razón sin revelación conduce a la sabiduría mundana que acaba en empobrecimiento de alma, intelecto y vida cultural. Por otra parte, la revelación sin la razón, conduce al anti intelectualismo en el mejor de los casos, y a la tiranía en el peor. Es el fruto que producen algunas religiones que niegan la plenitud, o la autoridad de la auto-revelación de Dios.

Los seres humanos son creación de Dios. Dependen de Él para todo, inclusive para obtener sabiduría. Cuando ellos niegan a Dios y dan respuestas centradas en el hombre, sus intentos por resolver las cuestiones básicas de la existencia, la moral y la belleza acaban siendo vanos. Es otra manera de afirmar que la sabiduría mundana conduce a la ilusión. Muchas personas viven en un mundo ilusorio.

El apóstol Juan escribió: «Si decimos que no tenemos pecado, nos engañamos a nosotros mismos, y la verdad no está en nosotros. Si confesamos nuestros pecados, él es fiel y justo para perdonar nuestros pecados, y limpiarnos de toda maldad. Si decimos que no hemos pecado, le hacemos a él mentiroso, y su palabra no está en nosotros» (1 Juan 1:8-10). ¿Qué dice Dios de nuestra condición? Que somos pecadores. Que estamos separados de Él por causa del pecado. Cuando una persona dice que «no es pecadora» niega la realidad y vive en una realidad falsa. Crea un mundo ilusorio en su mente.

En junio de 2004, la empresa Linden Labs creó Segunda vida, un mundo virtual conectado a la red. Se presenta como «un mundo tridimensional en el que cada persona y lugar que uno ve ha sido concebido por usted». Un nuevo usuario crea un avatar (identidad virtual) que le representa e interactúa con los avatares de otros usuarios en este mundo virtual. Segunda vida cuenta con un millón de usuarios activos, y trece mil nuevos cada día. Lo más revelador, en el contexto de lo que venimos diciendo acerca de la ilusión de la sabiduría mundana, es que promueve deliberadamente la «libertad» de vivir en una completa ilusión. Uno solo se puede imaginar las nocivas consecuencias para las relaciones en el mundo real, la erosión de virtudes como la responsabilidad personal, las horas incontables de tiempo malgastado que acompaña tamaña necedad extendida a tan gran escala.

En proporción a la población mundial, los que participan en Segunda vida son pocos en número. Pero muchas, muchísimas personas se crean un mundo de ilusión menos expresivo, pero no menos peligroso. Rechazar a Dios o su diagnóstico supone crear un mundo falso. La sabiduría piadosa comienza con Dios. Si Él nos da un diagnóstico, debemos aceptar su dictamen. No precisamos una segunda opinión.

Tabla 2. Sabiduría mundana versus sabiduría piadosa

Sabiduría mundana *Vicio*	Capacidad	Sabiduría piadosa *Virtud*
Insensatez, indiscreción	Sabiduría, facultad moral, uso de la voluntad	Sabia discreción
Menosprecio, ignorancia	Entendimiento, facultad intelectual e intuitiva, uso de la mente y el corazón	Discernimiento, comprensión, prudencia, buen criterio
Descuidado, distraído, desatento	Conocimiento, percepción y observación, facilidad, uso de los sentidos	Atento, estudioso, reflexivo

Si queremos ser sabios, y beneficiarnos de la sabiduría de Dios, nuestras vidas deben estar estructuradas por la revelación y la realidad.

Examine la Tabla 2. Refleja lo que hemos venido diciendo. La columna central se titula «Capacidad». Comenzando por abajo, muestra el conocimiento, el entendimiento y la sabiduría, los tres términos comentados en el capítulo 5. Recordará que el conocimiento tiene relación con la información. Usamos los sentidos para obtener conocimiento. Pero como indica la tabla, la persona de sabiduría piadosa responde a la información de forma diferente a la que tiene sabiduría mundana. La primera atiende a los datos; es reflexiva y estudiosa. Cree que la realidad es de Dios, por lo que toda ella es importante. Desea examinarla y entenderla. Pero la persona insensata (el sabio mundano) les presta poca atención. Tal persona se enfoca en sí misma. En vez de vivir consciente de Dios y su realidad objetiva, orienta su mundo en torno a sí misma. En consecuencia, se interesa menos en los datos (o hechos) que en los sentimientos. Si algo no le hace sentirse bien, no tiene valor. No acierta a observar atentamente la realidad. ¿Resultado inevitable? Choca contra el muro de la realidad.

Por ejemplo, pronto aprendemos a respetar la gravedad en la infancia. Aprendiendo a caminar nos caemos muchas veces; aprendemos a afinar la técnica para evitar las caídas. El mismo principio se aplica a otras conductas en las que solemos aprender más despacio. Proverbios asegura que «antes del quebrantamiento es la soberbia, y antes de la caída la altivez de espíritu» (Prov. 16:18). La persona sabia oye la instrucción y aprende humildad. Pero el sabio mundano persiste en su orgullo, para caer en la desgracia vez tras vez, siempre cayendo y nunca aprendiendo. Esto es lo que queremos decir con «chocando contra el muro de la realidad» (tal vez deberíamos haber dicho «golpeando el piso de la realidad»).

Un nivel más alto en la tabla ascendemos al nivel del entendimiento. Es el uso del intelecto, la mente y la intuición. Usamos la intuición y la razón para procurar entender el conocimiento que tenemos. Nos hacemos preguntas como ¿qué significan estos datos? ¿Qué sugieren al individuo? ¿Y a la comunidad?

Hace años el Christ Hospital de Chicago practicaba abortos tardíos (o parciales). Los bebés que sobrevivían eran abandonados en un sucio cuarto de servicios hasta que morían. En 1999, la enfermera Jill Stanek descubrió el horror y tocó el silbato. Dos años después la legislatura del Estado de Illinois redactó una ley que lo prohibió. La ley obligaba al hospital a hacerse responsable de salvar a los bebés que hubieran sobrevivido a un aborto. Pero no fue aprobada. Un joven senador del Estado lideró el esfuerzo para derrotarla. Se llama Barack Obama. Después sería dos veces presidente de los Estados Unidos.

¿Fueron los estadounidenses sabios o insensatos en elegir a tal persona como presidente? ¿Tuvieron en cuenta los datos sobre la legislación del aborto? No. Se atuvieron a sus sentimientos. Esto es un ejemplo de lo que puede suceder cuando la gente decide ignorar los hechos, la realidad.

El necio menosprecia la evidencia. Toma decisiones sin tener en cuenta la realidad. Una persona piadosa sabe discernir. Sopesa la evidencia y emite un buen juicio respecto a la misma.

Finalmente, la tercera casilla encuadra la sabiduría como facultad moral. En este ámbito ejercemos la voluntad. Recuerde, la sabiduría no reside en la esfera intelectual; es una realidad moral. De modo que una persona sabia mostrará discreción en las decisiones que toma. La persona necia toma decisiones ora sin entendimiento, ora violándolo intencionalmente: «Sé que eso es bueno pero voy a hacer lo otro».

¡Cuán importante es cultivar la sabiduría en la vida!

Lea
Lea Isaías 33:5-6.
¿Qué hace Dios?
¿Qué significa que Él es un rico tesoro?
¿Qué llave abre la puerta a este tesoro?
Nota: un tesoro, sala del tesoro, o depósito, es una cámara de almacenamiento que contiene objetos de valor, figura ampliada de bendición y prosperidad.

LA PERSONIFICACIÓN DE LA SABIDURÍA

Prepare
Lea Proverbios 1: 20-33.
¿Cómo se representa la sabiduría?
¿Qué hace la sabiduría?
¿Desde dónde llama la sabiduría?
    ¿A quién llama?
    ¿Cuáles son algunos elementos clave de su mensaje?
    ¿Qué proporciona la sabiduría?
    ¿Qué suplica la sabiduría?
    ¿Qué consecuencias acarrea hallar la sabiduría?

Proverbios 8 define la sabiduría como si fuese, de hecho, una persona. Ella llama, suplica: «Oídme». Llama en las calles, las plazas, las encrucijadas, donde la gente suele congregarse. Llama a los simples. ¿Por qué? Porque quiere que la gente florezca.

¿Qué ofrece la sabiduría? Ofrece verdad, seguridad, protección. Pone un cimiento sólido para el gobierno personal (véase v. 14) y el gobierno civil (vv. 15-16). Escuchar a la Dama sabiduría es hallar la vida y prosperar.

¿Qué pretende comunicar el autor con esta personificación? La teóloga Susan T. Foh apunta: «La sabiduría de Proverbios 8:22-31 se entiende mejor como un atributo personificado de Dios… El hecho de que el nombre sea femenino explica probablemente el que se personifique como mujer».[1]

El autor de Proverbios personifica la sabiduría, llama la atención a su naturaleza enérgica, personal. Es enérgica y personal porque procede de Dios. Dios mismo suplica a sus criaturas humanas que presten atención a la instrucción desplegada en su creación. La personificación de la sabiduría manifiesta el amor de Dios. Si Dios fuese una fuerza impersonal o poder divino separado, no aparecería de una manera tan directa e íntima a los seres humanos.

Por otra parte, hay otra voz que habla íntimamente a los mismos humanos, pero no para su bien.

---

1 Susan T. Foh, *Women and the Word of God* (Phillipsburg, NJ: Presbyterian & Reformed, 1978), 156-57.

PARTE 3

UN MUNDO DE ELECCIONES

8

LAS OPCIONES PARALELAS

Prepare
¿Qué significa tomar una decisión?
Piense en un libro, o película, en el que un personaje toma una decisión que cambia el carácter completo de su vida. ¿Qué sucedió?
¿Qué decisiones tomó que cambiaron el curso de su vida?

Robert Frost concluye su poema «El camino no escogido» con estas palabras:

> Debería decir esto con un suspiro
> En algún lugar de la eternidad:
> Dos caminos se bifurcaban en un bosque y yo,
> Yo tomé el menos transitado,
> Y eso marcó toda la diferencia.

Aunque a usted no le gustase la poesía, puede identificarse con este sentir. Todo el mundo ha tenido que pasar por encrucijadas en la vida y tomar decisiones. ¿Sigo estudiando o lo abandono? ¿Estudio o me voy a jugar? ¿Acepto este empleo o espero a una mejor oferta? ¿Me traslado o me quedo en este lugar? ¿Me caso o me quedo soltero?

La vida está cargada de elecciones. Algunas son insignificantes. Otras cambiarán su futuro para siempre. Las decisiones sabias son muy importantes, y el libro de Proverbios tiene mucho que decir al respecto.

Después de estar dos meses en L'Abri, llegó el momento para Marilyn y para mí (Darrow) de seguir adelante. Habíamos planeado viajar durante nueve meses antes de regresar a Denver. Yo tenía que acabar un curso de posgrado y Marilyn tenía una beca para un grado de maestría en enfermería. Los dos años siguientes de nuestra vida estaban programados.

Pero pocos días antes de partir de L'Abri, una amiga me dijo:

—Darrow, ¿han pensado en la posibilidad de quedarse aquí?

La respuesta fue fácil.

—No —pero ella no aceptó el no por respuesta.

—Creo que harían bien en orar acerca de quedarse.

Yo no quería orar al respecto, pero le respondí que lo haría. Lo hicimos… y resolvimos que Dios nos estaba guiando a través de su pregunta. Nos quedamos y esa decisión cambió profundamente nuestras vidas.

Tabla 3. Dos elecciones

Naturaleza	Plasmada	Hábito	Persona	Consecuencias	Meta
Sabiduría	Madre/ esposa	Virtud	Virtuosa/ sabia	Prosperidad	Vida
Necedad	Ramera/ adúltera	Vicio	Malvada/ necia	Pobreza	Muerte

El libro de Proverbios está lleno de una serie de elecciones, puntos decisorios entre dos opciones. Tales elecciones marcarán momentos cruciales de su vida. Por ejemplo, aparecen dos mujeres: la Dama sabiduría y una prostituta. Tienen naturalezas opuestas: la una es dama, la otra es una mentirosa; una es honorable, la otra de dudosa reputación. Proceden de dos casas, el hogar y el burdel. Hacen llamadas divergentes, una a la justicia, la otra a la seducción. Escucharlas es escoger una de las dos sendas, la derecha o la torcida. Nos conducirán a una de las dos metas: vida o muerte.

La sabiduría versus la insensatez: esta opción está entretejida por todo el libro de Proverbios. Y, sin embargo, demasiada gente no sabe casi nada de la sabiduría frente a la insensatez. Aun en la iglesia

rara vez se usan estas palabras, y ciertamente, no se usan en la sociedad. No se usan las palabras y se ignoran los conceptos.

Lea

Lea Proverbios 2:16; 5:10, 20; 6:24; 7:5: 23:27; 27:13.
¿Cómo se identifica esta mujer?
¿Cómo es su carácter?
¿Con quién es comparada?

Vemos que hay muchas referencias en Proverbios a la mujer
que seduce a un hombre al desvarío.

La sabiduría te librará de la mujer inmoral, de las palabras seductoras de la mujer promiscua (Prov. 2:16, NTV).

¿Y por qué, hijo mío, andarás ciego con la mujer ajena, abrazarás
el seno de la extraña? (Prov. 5:20).

Di a la sabiduría: Tú eres mi hermana, y a la inteligencia llama
parienta;

para que te guarden de la mujer ajena, y de la extraña que ablanda
sus palabras (Prov. 7:4-5).

Porque abismo profundo es la ramera, y pozo angosto la extraña
(Prov. 23:27).

Fíjese cómo se identifica a esta mujer. Es una mujer prohibida.
No le pertenece. Es una engañadora malévola. Su carácter se define
como manipulativo, seductor y engañoso. Es dura, egoísta y astuta.

Por otra parte, fíjese con quién es comparada: la mujer insensata es la antítesis de la Dama sabiduría. Es la Señora ramera, la adúltera. Es rebelde e indómita.

La Biblia habla a veces de adulterio en sentido literal. Otras veces usa el adulterio como una imagen de la idolatría. La adoración a
un dios extraño se denomina a veces prostitución e idolatría.

«Adúltera» significa literalmente rebelde e indómita, sin límites ni restricciones. La adúltera en Proverbios es la seductora, la
prostituta. Es imaginada de una forma desdeñosa que se puede resumir con la despectiva frase «esa mujer».

LAS DOS MUJERES: LA DAMA SABIDURÍA Y «ESA MUJER»

Prepare

Lea Proverbios 31:10-31 (Dama sabiduría); Proverbios 6:24-35 (Señora ramera)

¿Qué naturaleza tiene cada mujer?

¿Cómo responde usted a cada mujer?

Proverbios compara a las dos mujeres hablando al mismo hombre, intentando persuadirle para que vaya detrás de una de ellas. «Esa mujer» intenta seducir al hombre, intenta seducirnos. Intenta esclavizar y empobrecer. La Dama sabiduría también nos habla. Quiere que la escuchemos y que vivamos en libertad y florezcamos. Tenemos que elegir. ¿A qué mujer vamos a escuchar?

Note el carácter de la Dama sabiduría. Es tenida en alta estima. Hace el bien. Cuida de su familia. Es emprendedora y provee para los suyos. Es una trabajadora esforzada, generosa de espíritu, fiel y disciplinada.

Por otro lado, ¿qué carácter tiene la Señora ramera?[1] La prostituta tiene muy poco entendimiento. Es una seductora, una depredadora. Aparenta ser frágil y delicada pero es engañosa y maligna. En el reino animal, muchos depredadores parecen hermosos pero son letales. Considere, por ejemplo, el guepardo. Nadie en su sano juicio quiere tener un depredador junto a él. No es difícil pensar en ejemplos de depredadores contemporáneos. Al escribir esto, me vienen a la memoria, Lady Gaga, Madonna y Justin Bieber. Es decir, no se trata de una abstracción. El «espíritu de la prostituta» está vivo hoy en personas reales: atractivas, hermosas, deseables, seductoras. Tales personas ejercen una influencia oscura e intensa sobre millones de jóvenes.

Este capítulo personifica la sabiduría y la insensatez como dos mujeres. ¿Pueden los hombres tener algunas de estas características? Sí. Pero Proverbios es la instrucción de un padre a su hijo

---

1   Una versión parafraseada de la Biblia, *The Message*, personifica la insensatez como «Señora ramera» en Proverbios 9:13. Buena parte de Proverbios es dirigida al joven, tentado por prostitutas. Esta etiqueta gráfica para la insensatez —Señora ramera— capta vigorosamente el atractivo y el peligro de elegir la insensatez y no la sabiduría.

(véase 1:8), advirtiéndole de tentaciones especialmente fuertes en la vida del joven. De ahí la metáfora recurrente de la sabiduría y la insensatez como mujeres.

LAS DOS CASAS: EL HOGAR Y EL BURDEL

Prepare
Lea Proverbios 9:1-6 (hogar de la Dama sabiduría); Proverbios 9:13-18 (burdel de la Señora ramera).
Contraste y compare las dos casas·

La casa de la Dama sabiduría es descrita en Proverbios 9.

La sabiduría construyó su casa
y labró sus siete pilares.
Preparó un banquete,
mezcló su vino y puso la mesa.
Envió a sus doncellas,
y ahora clama desde lo más alto de la ciudad.
«¡Venid conmigo los inexpertos!
—dice a los faltos de juicio—.
Venid, disfrutad de mi pan
y bebed del vino que he mezclado.
Dejad vuestra insensatez, y viviréis;
andaréis por el camino del discernimiento» (Prov. 9:1-6, NVI).

Fíjese bien en la descripción que se hace de su casa. Los pilares representan la estabilidad. La casa está llena de abundancia para poder compartir con otros. Invita a los simples a participar de su fiesta y a andar por el camino de la inteligencia.

Más adelante, en el mismo capítulo, se nos describe la casa de la prostituta.

La mujer necia es escandalosa,
frívola y desvergonzada.
Se sienta a las puertas de su casa,
se sienta en una silla en lo más alto de la ciudad,
y llama a los que van por el camino,

a los que no se apartan de su senda.
«¡Venid conmigo, inexpertos!
—dice a los faltos de juicio—.
¡Las aguas robadas saben a gloria!
¡El pan sabe a miel si se come a escondidas!».
Pero estos ignoran que allí está la muerte,
que sus invitados caen al fondo de la fosa (Prov. 9:13-18, NVI).

No es difícil imaginar el aspecto que ofrece esta casa. Rica y visible. Sucia y desorganizada. Pesada con el hedor de la muerte. Llena de espíritus malignos.

LAS DOS LLAMADAS: A LA JUSTICIA Y A LA SEDUCCIÓN

Prepare
Lea lo siguiente:
Proverbios 8 (llamada de la Dama sabiduría)
Proverbios 9:1-6 (llamada al banquete)
Proverbios 7:1-27 (llamada de la Señora ramera)
Proverbios 9:13-18 (llamada al banquete)
Contraste y compare las dos llamadas.

La llamada de la Señora ramera es: «Venga aquí. Este es un buen lugar para estar». Y note otros dos rasgos de su invitación: ella se considera mejor que otras, y su llamada apela directamente a los deseos de la persona.

Cuando una vida está guiada por la pasión y los sentimientos, como ocurre en nuestra cultura actual, la llamada de la prostituta resulta seductora. Ciertamente, su voz es dulce. Pero es una depredadora. El necio no evita su puerta. Tristemente, la iglesia actual sintoniza con la cultura. Refuerza la insensatez en vez de articular la necesidad de sabiduría; la iglesia, junto a la cultura, sigue con frecuencia los sentimientos que llevan a la puerta de la ramera.

¿Qué mensaje ofrece la Dama sabiduría? Ande por el camino del discernimiento. Ella hace una llamada a la prudencia, una invitación a sopesar atentamente las elecciones que tiene por delante.

LAS DOS SENDAS: LA DERECHA Y LA TORCIDA

Prepare

Lea lo siguiente:

La senda de la Dama sabiduría: Proverbios 2:8-9; 2:20; 4:10-13, 18, 26; 6:20-23; 9:6; 10:17; 12:28; 15:19, 24.

La senda de la Señora ramera: Proverbios 2:18, 4:14-17, 24-27; 5:5-6, 8-10.

Contraste y compare las dos sendas

El lenguaje original de Proverbios usa dos palabras traducidas como «sendas» o camino». Una hace referencia metafórica a la clase de conducta, al estilo de vida. El término hebreo indica un camino de conducta y el destino hacia el que vamos avanzando.

La otra forma connota la propia dirección, que deriva del sentido literal de una ruta muy transitada. A veces, un caminante avanza por una senda que apenas se puede ver. Otras, es fácil seguirla senda. Cuando avanzamos por ese camino sorteamos los obstáculos. Pero cuando nos desviamos nos topamos con dificultades innecesarias.

Hace varios años Gary fue de caza. Cuando atardeció, tuvo que buscar la salida del bosque en la oscuridad. Había seguido un sendero para llegar allí por el día, pero en la oscuridad no podía encontrarlo. En consecuencia, acabó tropezando en maderos caídos. En una mano llevaba el arco. Con la otra sujetaba un pesado apostadero (una plataforma que los cazadores enganchan al tronco del árbol para conseguir elevarse). En la oscuridad, cargando con este equipo, intentando conservar equilibrio sobre varios troncos de árboles caídos, se cayó varias veces, y se volvió a levantar, dudando de hasta qué punto sus doloridos músculos aguantarían. Fue un ejercicio como mínimo frustrante. Atravesó varios hectómetros de terreno hasta que, por fin, llegó a la carretera, sin aliento y sudando profusamente. Solo entonces se dio cuenta de que había ido en paralelo al sendero pocos metros a la izquierda. ¡Qué diferencia hace un camino despejado!

DOS FINALES: VIDA Y MUERTE

Prepare
Lea: Proverbios 1:28-33; 8:32-36; 10:21, 11:1-6.
Describa el «final» de las dos elecciones.
¿Qué final desea la mayoría de la gente?
¿Conducen las decisiones cotidianas de la gente al fin deseado?
¿Por qué la gente toma decisiones que conducen a resultados no deseados?

La vida nos lleva a una encrucijada de donde parten dos caminos, el de la Dama sabiduría y el de la Señora ramera. Dos rutas distintas con finales muy diferentes. Por eso es tan importante escoger bien. El camino que usted escoja determinará dónde va a acabar. Un camino lleva a la vida, el otro a la muerte; uno al florecimiento, el otro a la decadencia.

Usted elige. No puede escoger las consecuencias, pero sí el camino.

9

LA SABIDURÍA CONVIVE CON UNA PERSPECTIVA EN MENTE

Prepare

Lea: Génesis 12:1-4.

¿Qué mandó Dios a Abraham que hiciera?

¿Adónde quería que fuese Abraham?

¿Qué estaba Abraham buscando?

Lea Hebreos 11:8-10, 13-16.

¿Qué estaba Abraham buscando?

¿Cómo murió la gente de fe?

¿Cómo respondió Dios a su carácter?

En la famosa fábula de Alicia en el país de las maravillas, Lewis Carroll incluye el siguiente diálogo entre el protagonista y el gato de Cheshire.

> ¿Podrías decirme, por favor, qué camino debo seguir para salir de aquí?
>
> Eso depende en gran parte del sitio al que quieras llegar —dijo el gato.
>
> No me importa mucho el sitio —dijo Alicia.
>
> Entonces tampoco importa mucho el camino que tomes —dijo el gato.
>
> Mientras llegue yo a ALGUNA PARTE —se explicó Alicia.

Oh, siempre llegarás a alguna parte —dijo el gato— si caminas lo suficiente.

Alicia está muy acompañada: a mucha gente parece no importarle dónde van a acabar. Al menos, esa es la explicación más probable en vista de las vidas irreflexivas que llevan muchos. Todos andamos por un camino, pero puede que no hayamos considerado hacia dónde nos lleva.

Algunas personas viven en el pasado. (En realidad, hay culturas enteras que viven en el pasado).

Siempre están deseando regresar a un tiempo pasado. «Ojalá volviera a ser joven», sueñan con añoranza «Me divertía mucho cuando era adolescente».

Otras personas viven en el futuro. Y otras en el presente.

¿En qué marco de tiempo vive usted?

He aquí una pregunta distinta, aunque relacionada: ¿Hacia dónde le lleva el camino por el que discurre su vida?

Muchos jóvenes, por todo el mundo, son seducidos por los centros comerciales. Son atraídos por la atmósfera deslumbrante de tiendas y grandes almacenes. Muchas familias en Occidente aspiran a un hogar de clase media en los suburbios. La gente mayor a menudo anhela la jubilación, la libertad de poder ir a pescar o jugar al golf.

¿A dónde le lleva el camino que ha escogido en la vida?

El antiguo caldeo Abram vivía en una cultura animista, fatalista. Nunca cambiaba nada. De una generación a otra, todo el mundo vivía en el mismo pueblo que había nacido. La vida era una rueda que giraba y giraba.

Pero un día ocurrió algo que cambió la vida de Abram para siempre, y a la larga, el mundo. Comenzó cuando Abram oyó una voz, una voz que le mostró una visión.

«¡Abram!, ¡Abram!, quiero que salgas de aquí. Deja tu casa, tu cultura, todo lo que conoces».

—¿Dónde debo ir? —preguntó Abram.

—Te lo mostraré —respondió la Voz.

Imagínese la posterior conversación entre Abram y su mujer.

—¡Nos vamos!

—¿Qué nos vamos? ¿A dónde?

—No lo sé.

Sin duda, cierta tensión y conflicto surgiría en el matrimonio. Probablemente eran adoradores de ídolos guardados en su casa. Y de pronto, el Dios verdadero se les revelaba y la vida de Abram daba un giro copernicano.

Miles de años después, uno de los autores del Nuevo Testamento explicó qué fue lo que motivó a Abraham (como se llamaría en adelante): Él «esperaba la ciudad que tiene fundamentos, cuyo arquitecto y constructor es Dios» (Heb. 11:10). Abraham estaba buscando la ciudad de Dios. Esta visión fue el telón de fondo de su vida. Estaba dispuesto a ir hasta un desierto desconocido para encontrarla.

¿Qué visión es lo suficientemente grande para su vida? El matrimonio, los hijos, un hogar: todos estos son ingredientes adecuados para un estilo de vida que Dios bendice. Pero ninguno de ellos es lo bastante grande para abarcar el propósito de su vida. El reino de Dios es la única visión suficiente para su vida; usted nació para servir en el reino de Dios. El reino de Dios es el «universo alternativo» a las visiones limitadas de nuestra sociedad y cultura.

La persona sabia vive teniendo esta meta en mente. Ve la visión y avanza hacia ella. Un necio no piensa en el final. En realidad, un necio apenas piensa. Vaga sin rumbo. Esta no es la voluntad de Dios. Él nos guía hacia el futuro. Nos dirigimos a alguna parte si seguimos la voz del Dios del universo que nos conduce a la ciudad de Dios.

Mark Buchanan, en su libro *The Rest of God* (El descanso de Dios), lo expone de este modo: «Las personas sabias se preguntan: ¿Conduce el camino por donde transito al lugar que quiero llegar? Si sigo en esta dirección, ¿me gustará el lugar de destino?».[1] Demasiada gente solo deambula. Cuando se den cuenta de su necedad será demasiado tarde. Deambular por la vida es derrochar los años que se nos conceden.

Porque el desvío de los ignorantes los matará, y la prosperidad de los necios los echará a perder (Prov. 1:32).

---

1 Mark Buchanan, *The Rest of God: Restoring Your Soul by Restoring Sabbath* (Nashville: Thomas Nelson, 2007), 40.

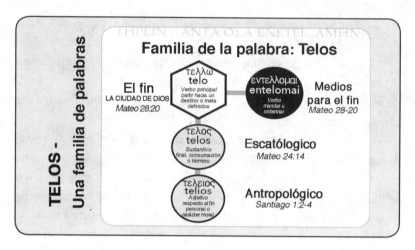

TELOS, UNA FAMILIA DE PALABRAS

Pensamos en la vida con un objetivo en mente. ¿Qué dice Proverbios acerca de esto? La Biblia enmarca la noción de meta u objetivo en la palabra griega *telo*: «partir hacia un destino o meta definidos». Este término alude al final, como el final de una narración, de un libro, de una película, de la historia.

La familia de palabras cuya raíz es *telo* incluye otras dos palabras bíblicas para designar «fin». Una de ellas, *telios*, denota fin individual o antropológico, mientras que la otra, *teleos*, es el fin colectivo o escatológico. Todo el mundo tiene un fin personal, un *telios*, el fin por el que se les dio la vida. Hay dos aspectos por lo que respecta a este fin: la llamada general a la vida, una convocación para todos los creyentes, y la llamada singular a cada creyente individual. La segunda acepción de fin, *teleos*, es el fin escatológico. Esta palabra significa el fin, la consumación de la historia y la cultura. Este es el objeto por el cual Dios hizo la creación. Este objeto es descrito de varias maneras: todas las naciones serán benditas (Gén. 12:3-4), la tierra será llena del conocimiento del Señor (Habacuc 2:14), las bodas del Cordero (Apo. 19:6-9), el advenimiento de la ciudad de Dios (Apo. 21:1-4), y la revelación de la gloria de las naciones (Isa. 60:1-3; Apo. 21:21-26).

En mi primer día de sociología 101 el profesor compareció delante de varios centenares de estudiantes presentes en el auditorio y nos preguntó: «¿Qué sentido tiene la vida de un niño que muere en la infancia?». Yo tenía diecinueve años. Nunca se me había ocurrido pensar en tal cosa. Me quedé pensativo mientras el profesor iba y venía como un león listo para matar. Después de una larga pausa retomó el micrófono para responder. «El sentido de la vida de un niño que muere en la infancia es ser fertilizante para un árbol». Me horroricé, pero no supe qué responder. Hoy, unos cincuenta años después, aún siento consternación, porque veo que tenía razón si se da por supuesto un universo sin Dios. Si no hubiese Dios, un niño mortinato no sería más que abono para árboles.

Si hoy me encontrara con él, le preguntaría: «¿Qué propósito tiene su vida?». Insistiría en que habida cuenta de su opinión, lo mismo tiene que ser para él. El propósito de su vida será servir de abono para un árbol. Si es honesto, verá que sus premisas le llevan a la misma situación. Si el propósito de su vida es fertilizar un árbol, ¿para qué vive? ¿Para qué enseña? Si Dios no existiera, ¿con qué propósito vivir? Abonar un árbol. Eso es todo para un bebé recién nacido o para un profesor universitario de sesenta años.

Pero ¿cuántos jóvenes asisten a la universidad y ni siquiera se plantean cuestiones como ésta? ¿Cuántas personas andan por la vida y nunca analizan su designio?

Todos llegaremos a un fin. ¿Cómo llegaremos a un buen fin, al destino para el que fuimos creados? Esa meta se halla en el camino de la sabiduría. Lo encontramos si vivimos en el marco de la sabiduría, la ley y las ordenanzas de Dios. La sabiduría es el camino que conduce al destino para el que fuimos creados.

¿Hacia qué fin actúa Dios en su vida? El de llegar a ser perfecto y completo, sin carecer de nada. El fin personal (*telios*) debe conformarse a la perfecta voluntad de Dios para su vida. Esta es la voluntad de Dios para todos los seres humanos.

Tabla 4. *Telios, teleos*

Telios — antropológico	*Teleos* — escatológico
Perfecto	Advenimiento de la nueva Jerusalén
Completo	Cosecha de naciones
No carecer de nada	Reyes de la tierra
Imagen de Cristo	Gloria de las naciones
Lo que Dios quiere que usted sea	No habrá más muerte/tristeza

El fin colectivo, escatológico (*teleos*), es el retorno de Cristo para unirse con su esposa, el banquete de bodas del Cordero, y el vivir para siempre en relación con nuestro esposo. Es el venga su reino, la ciudad santa, la nueva Jerusalén. La ciudad que Abraham buscaba ha descendido del cielo a la tierra.

Si usted consigue su primer empleo, asiste a la universidad o escuela de posgrado, o se traslada a otra ciudad o país, ¿en qué camino se halla? ¿A qué destino conduce? ¿Permite usted que la sociedad encasille su existencia para decidir qué camino va a seguir?

Lea

Lea Génesis 12:3-4; Habacuc 2:14; Apocalipsis 19:6-9; 21:1-4; Isaías 60:1-3; Apocalipsis 21:21-26.
Identifique las imágenes en cada uno de estos pasajes.
¿Qué representan estas imágenes?
¿Qué hace Dios en la historia?

LA VIDA PROFÉTICA

Prepare

Lea Mateo 5:48; Efesios 5:27; 1 Tesalonicenses 5:23; 1 Pedro 1:6-7; Romanos 5:3-5.
¿Qué espera Dios de su pueblo?
¿Con qué propósito actúa en la vida de cada creyente?

¿Qué propósito tienen las pruebas y el sufrimiento? Ocupémonos ahora de la palabra prolepsis. Según la Encyclopedia Britannica, la prolepsis es una figura retórica mediante la que un acontecimiento futuro es anticipado por el autor como algo ya cumplido o existente».[2] El diccionario define la prolepsis como «anticipación:... la representación o asunción de un hecho o desarrollo futuro como si existiera o se hubiera hecho realidad en el presente».[3]

---

2 «Prolepsis», Encyclopedia Britannica, visitada el 11 de septiembre, 2017, https://www.britannica.com/topic/prolepsis-literature.
3 Webster's Seventh New Collegiate Dictionary (Springfield, MA: G & C Merriam, 1970), 681.

Dada esta definición del nombre podemos aplicar el adjetivo como corresponde. Perseguir una vida profética es vivir hoy en la realidad del futuro. Es decir, hemos de vivir como si el futuro fuera presente. Hemos de vivir en el mundo que ahora vemos en concordancia con lo que sabemos que es verdad en el mundo invisible. «Porque esta leve tribulación momentánea produce en nosotros un cada vez más excelente y eterno peso de gloria; no mirando nosotros las cosas que se ven, sino las que no se ven; pues las cosas que se ven son temporales, pero las que no se ven son eternas» (2 Cor. 4:17-18).

Hemos de vivir el presente a la luz de la realidad futura. ¿Qué realidad es esa? La plenitud del reino de Dios. Hemos de vivir hoy en la realidad de la venida del reino de Dios.

Nuestra vida debe revelar en el presente la venida aún no acontecida del reino de Dios.

¿Qué aspecto ofrece hoy su vida? ¿Cómo cambia una perspectiva proléptica lo que está haciendo hoy?

LA SABIDURÍA Y LA INSENSATEZ

Hemos de vivir teniendo en cuenta el fin. ¿Y qué tienen que ver la sabiduría y la insensatez con «el fin»?

Tanto la sabiduría como la insensatez nos invitan a ir por un camino. La sabiduría nos llama a la vida; la insensatez nos llama a la muerte. La sabiduría trata de descubrir el fin que Dios deseó andando por el camino que lleva a este fin, el reino de Dios. Por otra parte, la insensatez ciega los ojos al futuro. Se desvía del camino y acaba en otro destino. La insensatez no ve el reino de Dios. «Come, bebe y alégrate», nos dice. «Disfruta hoy porque mañana morirás. No pienses en el futuro, no te preocupes del lugar hacia donde te diriges».

Proverbios 14:8 declara: «La ciencia del prudente está en entender su camino; mas la indiscreción de los necios es engaño».

LA SABIDURÍA HABLA

Proverbios 8:32-36 lo expone más descarnadamente.

Ahora, pues, hijos, oídme,
y bienaventurados los que guardan mis caminos.
Atended el consejo, y sed sabios,

y no lo menospreciéis.
Bienaventurado el hombre que me escucha,
velando a mis puertas cada día,
aguardando a los postes de mis puertas.
Porque el que me halle, hallará la vida,
y alcanzará el favor de Jehová.
Mas el que peca contra mí, defrauda su alma;
todos los que me aborrecen aman la muerte.

Los que aman la sabiduría aman la vida. No obstante, el necio aborrece la sabiduría e involuntariamente ama la muerte.

E. Stanley Jones (1884-1975) fue un misionero metodista en la India cuyo ministerio alcanzó rango internacional. En uno de los veintinueve libros que escribió, *The Word Became Flesh*, dijo lo siguiente:

> Estoy convencido que estamos predestinados a ser cristiano por la estructura misma de nuestro ser. Fíjese que digo «ser cristiano», no «ser cristianos», ya que muchos de los que somos «cristianos» en el sentido convencional viven contra las leyes de su ser y son destruidos, quizá de forma lenta, pero segura. Creo que la predestinación está escrita… en nervios, sangre, tejidos, órganos y constitución. No solo está escrita en los textos de la Escritura, sino en la estructura de nuestro ser. Podemos vivir contra ese destino si lo deseamos, ya que somos libres, pero si lo hacemos resultaremos heridos, automáticamente. Cuando Cristo nos creó a usted y a mí y creó el universo, estampó en nosotros una forma —una forma de vida—: su camino; si vivimos según ese camino, viviremos; si vivimos de otra manera, pereceremos.[4]

El lenguaje del Dr. Jones está sujeto a interpretación. No parece defender el punto teológico sobre la naturaleza de la salvación, sino hacer una observación sobre el principio telenómico. El eminente biólogo francés Jacques Monod habló acerca de «lo que nos obliga a reconocer el carácter telenómico de los organismos vivos, a admitir que en su estructura y su comportamiento actúan proyectivamente —ejecutan y persiguen un propósito».[5] Fuimos diseñados por Dios para estar en comunión con Él. Constatamos esto tanto en nuestro diseño como en nuestra función.

4 E. Stanley Jones, *The Word Became Flesh* (Nashville: Abingdon, 1963), Week 7, Tuesday.
5 Jacques Monod, *Chance and Necessity* (New York: Alfred A. Knopf, 1971), 21-22. *El azar y la necesidad*, (Barcelona, Tusquets Editores, 2016).

Jones afirma que fuimos creados para cultivar una relación con el Dios vivo. Así fuimos diseñados, lo cual es distinto a ser «religiosos». Dios nos diseñó para estar en relación con Él. Este designio nos ha sido incorporado en los nervios, tejidos y órganos. Podemos vivir contrariamente a este destino, si así lo deseamos. Podemos elegir otro camino, porque hay dos veredas. Pero fuimos diseñados para andar por el camino de la sabiduría. Tenemos que escoger.

Ambos caminos conducen a destinos distintos. La Dama sabiduría llama: «Vengan, anden por esta vereda. Es el camino a la vida. El camino para el que fuisteis creados. Les conducirá a la vida, al florecimiento humano». La depredadora, la ramera, asegura: «No; venid a mi casa». Nos seduce a ir por un camino que no debemos recorrer. Somos libres para elegir este camino. Pero si lo hacemos, nos conducirá a la muerte y la destrucción, a la pobreza y la esclavitud.

El necio vive como si la historia no tuviera sentido. No hay mañana; no hay leyes de la creación. Los necios viven como si el designio del ser humano no tuviese propósito.

¿Adónde quiere usted ir a parar? Si quiere finalizar su viaje en el reino de Dios, tiene que ir en pos de la sabiduría. Si le tiene sin cuidado hacia dónde se dirige, probablemente escuche y siga el consejo de «esa mujer».

Reflexione
¿Qué reflexiones le ha inspirado este capítulo?
¿Qué consecuencias tiene para su vida?

¿FLORECIMIENTO
O DECADENCIA?

Prepare

En sus propias palabras ¿Qué significa prosperar, florecer? ¿Y decaer?

Escriba una lista de sinónimos para florecer y para decaer.

Ponga un ejemplo de florecimiento y otro de decadencia en su familia, su comunidad y su país.

En 1973 Karl Menninger escribió un libro titulado *¿Qué ha sucedido con el pecado?* Menninger fue un psiquiatra famoso, consciente de que algo estaba sucediendo en la cultura estadounidense. Estábamos perdiendo la palabra pecado que por mucho tiempo había sido parte de nuestro vocabulario de trabajo. Él comprendió que si se perdía la palabra pecado, también se perdería el concepto más amplio de moral. Reconoció que la moralidad constituía una parte importante de la salud humana. Como médico, se interesaba por la salud de los seres humanos. Si ya no era posible usar un vocabulario moral, la capacidad de ayudar a la gente se vería sustancialmente reducida. Él lamentaba la pérdida de la noción que encerraba la palabra pecado en la vida estadounidense. Menninger no fue necesariamente un hombre de fe. Pero lamentó esta pérdida, que no ha cesado de extenderse desde su tiempo.

Un giro en la cosmovisión de un pueblo siempre está acompañado por un cambio en el lenguaje. Algunas veces este cambio impulsa a trocar el lenguaje. Abraham, padre de los judíos, experimentó un cambio fundamental en su cosmovisión que trajo todo un nuevo vocabulario al mundo. En otras ocasiones, este giro es impulsado por un cambio intencional en el lenguaje cuando activistas dejan de usar las palabras (v. gr. Pecado) o las redefinen (v. gr. matrimonio) o introducen nuevas (v. gr. auto-ginefilia), definido en Wikipedia como «hombre con tendencia parafílica, esto significa que se excita sexualmente con el pensamiento o imagen de sí mismo como una mujer» un ejemplo es Bruce Jenner, (también conocida como Caitlyn Jenner). La preocupación de los autores en este libro es la transformación del lenguaje impulsado por el posmodernismo tratando de destruir la civilización occidental y usando el lenguaje como un arma para conseguir su objetivo.

Los sociólogos usan un aforismo: Para cambiar una sociedad hay que cambiar antes el lenguaje que ella usa. La sociedad occidental ha cambiado profundamente a causa de la transición de una cosmovisión bíblica a una cosmovisión atea. Este cambio de cosmovisión ha acarreado un cambio de lenguaje.

He aquí un ejemplo. Hace algunos años impartí, en Puerto Rico, una charla a un grupo de mujeres interesadas en el diseño de ropa. Ellas observaron que había pocas opciones en ropa de vestir para mujeres porque los diseñadores suelen tener su agenda. Esas jóvenes pensaban crear una línea de prendas bonitas y modestas. Señalaron correctamente que la palabra modestia casi había desaparecido de nuestro idioma. Y normalmente, cuando se pierde una palabra, también se pierde el concepto, como es natural.

Reflexione
Para cambiar una sociedad hay que cambiar antes el lenguaje que usa.
¿Qué ejemplos puede dar de cambio de lenguaje en su sociedad?

El lenguaje es importante. Las palabras que usamos conforman el pensamiento. Esto es cierto tanto a nivel individual como colectivo. El lenguaje es fundamental para la vida personal y para la vida pública. Dios es el primer orador, el divino comunicador. La Biblia nos habla por medio de un lenguaje, a través de palabras. La idea de la verdad de Dios y de su existencia tiene que ser forjada por la Biblia. Si la cultura predominante determina nuestro lenguaje y pensamiento, no tendremos raíces.

Considere otros ejemplos de cambio en el lenguaje. En vez de acatar la clara designación de hombre y mujer, se habla de neutralidad de género. Como Menninger deploró, ya no se habla del pecado (ni se cree en él); ahora simplemente se cometen errores. Y el efecto del pensamiento posmoderno significa rechazar la verdad absoluta y creer que la verdad es una cuestión de gusto individual. Hemos cambiado la santidad de vida por la calidad de vida. Un bebé es producto de la concepción.

Otro efecto del cambio de cosmovisión en Occidente ha sido identificado por James Davison Hunter. En su libro *The Death of Character*, Hunter muestra cómo el cambio de cosmovisión ha alterado el concepto de educación. Hace poco más de un siglo la educación estaba configurada por la mentalidad bíblica. Tenía por objeto educar a los jóvenes en conocimiento y virtud, para que pudieran ser sabios. Pero con el cambio de una cosmovisión judeocristiana a una cosmovisión atea, ha cambiado el lenguaje de la educación, así como su concepto mismo. Ya no se enseña virtud; la educación actual trata de conocimiento e información. Incluso los cristianos se han dejado moldear por este cambio de idea. Hunter afirma que todos los estadounidenses son conscientes de que tenemos un problema. Nuestra sociedad es cada vez más anárquica debido a la pérdida de la enseñanza de la virtud. Pero nadie sabe cómo resolver el problema. Ni siquiera un hombre como James Dobson, fundador de Enfoque en la Familia, cuyo ministerio internacional ha aportado gran beneficio a mucha gente, no sabe cómo resolver el problema educativo identificado por Hunter. No sabemos cómo porque el mundo moderno habla un lenguaje psicológico.

Cuando fueron fundados los Estados Unidos, nuestro lenguaje era teológico en su naturaleza. Pero al rechazar a Dios, se cambia el lenguaje teológico por un marco centrado en el hombre y un lenguaje psicológico. El doctor Dobson, magnífico campeón de las virtudes bíblicas, está también atrapado en el lenguaje psicológico de la cultura. Hunter advierte de la tremenda dificultad que afrontamos para resolver este problema. Él piensa que no podemos resolverlo sin un retorno al lenguaje teológico. Occidente ha dejado a Dios al margen; hasta que no le devolvamos el centro de la vida no podremos tener éxito.

La intuición de Hunter nos proporciona un importante escenario para el estudio de Proverbios. Si consideramos el lenguaje de la literatura de sabiduría —es decir, el vocabulario predominante— ¿qué hallamos? ¿Cómo usan el lenguaje los autores para hablar a nuestra vida? Consideremos esta cuestión.

La literatura de sabiduría, incluido el libro de Proverbios, suele usar pares de palabras. Los autores recurrieron a palabras antónimas para mostrarnos el contraste: sabio vs. necio, justo vs. malvado, prudente vs. ingenuo, y verdadero vs. engañoso. Excepto el último par, ¿cuándo fue la última vez que oyó usted estos términos en una conversación cotidiana?

Examinemos otro poco el lenguaje de la sabiduría bíblica que en buena parte se ha perdido en la sociedad actual.

Tabla 5. Florecimiento o decadencia

Naturaleza personal	Florecer	Decaer
Voluntad	Sabiduría	Insensatez
Carácter	Justicia	Maldad
Discernimiento	Prudencia	Ingenuidad
Integridad	Sinceridad	Engaño

LA SABIDURÍA FRENTE A LA INSENSATEZ

La principal palabra hebrea para «sabiduría», *chokmah*, denota «capacidad para entender y habilidad para vivir. Implica adhesión a una norma establecida». *El diccionario Webster 1828* da la siguiente definición de la palabra sabio: «Propiamente, tener conocimiento;

de aquí, tener poder para discernir y juzgar correctamente, o discriminar lo verdadero de lo falso; entre lo correcto e incorrecto».

Por el contrario, el término griego *nabal*, esto es, «necio», significa: «hombre o persona que carece de inteligencia o incluso de capacidad para entender, implicando que es rebelde y desobediente a la ley de Dios». En cambio, Webster afirma que «a veces se usa la palabra necio para designar a una persona malvada o depravada; una persona que actúa en contra de la sana sabiduría en su comportamiento moral; el que sigue sus propias inclinaciones, el que prefiere lo insignificante, los placeres temporales, antes que servir a Dios y buscar la felicidad eterna».

La Biblia define a la persona sabia como poseedora de conocimiento, que discierne y juzga rectamente. Una persona sabia sabe distinguir entre la verdad y la mentira. Puede discriminar entre lo justo e injusto. No solo conoce la diferencia, sino que es capaz de elegir lo bueno.

Por el contrario, la persona insensata carece de conocimiento. Solo acierta a ver lo que tiene inmediatamente delante de sí. No puede pensar en lo eterno e invisible. Es rebelde, está dispuesta a desobedecer la ley.

Los sabios reciben sabiduría cuando obedecen a Dios. No pase por alto lo que esto implica: ¡son enseñables! Como dijo el profesor Howard Hendricks: «La disposición a aprender de un hombre es su capacidad para crecer». Otros pueden tener las mismas oportunidades para aprender, pero les falta un espíritu enseñable: dejan pasar la oportunidad, no la aprovechan para adquirir sabiduría.

Por otro lado, el insensato se resiste a escuchar. No quiere aprender de sus errores. Es autosuficiente e inicia refriega de continuo. Causa dolor a sus padres. Es un tramposo siempre guiado por sus emociones.

Lea
Lea Proverbios 1:7; 12:15-16; 13:19; 17:10; 26:1-12.
Mencione las características del sabio y del insensato.

Proverbios habla de cuatro tipos de necios: el simple o ingenuo, el escarnecedor, el arrogante y el rebelde. El simple no sabe distinguir entre la verdad y la falsedad. El escarnecedor no respeta a los demás. El arrogante es hostil y egoísta. El rebelde rechaza la sabiduría, no la acepta. La tabla 6 amplía estas categorías y sus características.

Tabla 6. Cuatro tipos de necios

Tipo de necio	Características
El simple (Prov. 1:22)	Ingenuo, fácilmente engañado, no puede discernir entre la verdad y la falsedad, el bien y el mal, lo hermoso y lo horrendo
El escarnecedor (Prov. 1:22)	Gran hablador que no muestra respeto; no se toma en serio la sabiduría ni la maldad; niega las consecuencias que derivan del camino que uno escoge
El arrogante Prov. 1:22)	Detesta la sabiduría; abiertamente hostil; vive solo para sí mismo
El rebelde (Prov. 1:7)	Aborrece la sabiduría; la desprecia; prefiere morir a someterse a la sabiduría

Reflexione

¿Qué dificultades ha tenido usted en cada una de las categorías de la tabla 6?

¿En qué áreas ha hallado fuerza para superarlas?

LA RECTITUD FRENTE A LA MALDAD

El diccionario hebreo define *tsaddiq* como «justo, recto, íntegro, p. ej., concerniente a una persona conforme a un nivel adecuado de inocencia, sin culpa, p. ej., pertinente a no tener pecado o maldad según una norma justa». Si consultamos el Webster 1828 para buscar la palabra inglesa *righteous* (justo, recto) hallamos lo siguiente: «Justo, conforme a la ley divina. Aplicada a las personas, denota santidad de corazón y observación práctica de los mandamientos de Dios; un hombre justo».

La palabra hebrea *resha* significa «perversidad, maldad, injusticia, p. ej., estado o condición de vileza, enfatizando la violación de la moral o la ley civil con actos malvados; el malvado, el injusto,

p. ej., clase de personas perversas que hacen hincapié en la culpabilidad de violar una norma». Webster define la perversidad como «un mal de principio o en la práctica; que se desvía de la ley divina; adicto al vicio; pecaminoso; inmoral. Esta es una palabra de amplio significado, que se extiende a todo lo que es contrario a la ley moral, tanto personas como actos».

El mal califica a la persona pervertida que viola los principios bíblicos. Por otro lado, la justicia cumple los mandatos divinos de una manera práctica.

La justicia nutre la vida de una persona y la de las más cercanas. La maldad desgarra a los demás. Una es estable. La otra inestable.

Tenemos que buscar estas características en las personas cercanas, las que intervienen en nuestra vida diaria, y las que ocupan puestos de autoridad. Admiramos a las personas justas.

Lea
Lea Proverbios 3:33; 4:17-18; 10:11; 11:28; 13:5; 17:15; 21:25-26.
Mencione las características del justo y las del malvado.
Describa conductas que ha visto que fueran justas y conductas que fueran malvadas.
¿Dónde ve ejemplos de cada naturaleza en su vida?

LA PRUDENCIA FRENTE A LA INGENUIDAD/INMADUREZ

La palabra *arum* en la Biblia hebrea significa «prudente, astuto, sagaz, discernidor, sensible, p. ej., con referencia a la sabiduría y la astucia en la gestión de asuntos, mostrando capacidad de entendimiento». Webster dice que la prudencia «implica precaución para deliberar y consultar los medios más apropiados para alcanzar objetivos valiosos… La prudencia difiere de la sabiduría en esto: la prudencia implica más precaución y reserva que la sabiduría, o se ejerce más previendo y evitando el mal que concibiendo y ejecutando lo bueno».

La palabra hebrea *peti*, «inocente» (ingenuo o simple en algunas versiones), significa «crédulo, p. ej., concerniente a personas que son fácilmente engañadas o persuadidas, que muestran falta de sabiduría y entendimiento, aunque alguna capacidad para cambiar su situación». Según Webster, la palabra ingenuo significa «débil en intelecto; insensato, no sagaz; tonto. «El simple todo lo cree; mas el avisado mira bien sus pasos» (Proverbios 14:15).

Rara vez se oyen las palabras prudencia o ingenuidad en la cultura actual. Pero Proverbios tiene mucho que decir acerca de estos extremos. Una persona prudente piensa antes de actuar. Mira hacia el futuro para considerar las consecuencias de sus actos. La persona prudente controla su apetito. Toma medidas para evitar el mal. Intenta actuar apoyado en los datos y evita actuar en base a los sentimientos. A diferencia del ingenuo (o simple) el prudente aprende de sus errores. El diccionario Webster 1828 define la prudencia como «sabiduría aplicada a la práctica. La prudencia implica cautela para deliberar y consultar los medios más adecuados para alcanzar objetivos valiosos».

Por otro lado, el ingenuo no usa el discernimiento. Cree lo que le dicen en vez de investigar para descubrir las situaciones. La persona ingenua camina a ciegas, va en pos de sus placeres. Al contrario que el prudente, el ingenuo deja que sus sentimientos predominen sobre los hechos. Es lento para aprender de sus propios errores. Como dijo un antiguo sabio: «Como perro que vuelve a su vómito, así es el necio que repite su necedad» (Prov. 26:11).

Una sociedad cautiva de sus apetitos acabará en la ruina si no ejerce la disciplina. Por ejemplo, actualmente tenemos hijos de treinta años que siguen siendo mantenidos por sus padres y jugando videojuegos.

Lea
Lea Proverbios 1:32; 9:6; 14:15, 16; 18; 22:3.
Mencione las características del prudente y del inmaduro.
¿Dónde situaría usted a la generación actual en la siguiente escala?
Prudente ------------------------------Inmadura
¿Cuáles serán las consecuencias de esta realidad?
¿Cómo llevan estos pares de palabras hacia el florecimiento o la muerte? Ponga ejemplos concretos.
¿Qué futuro espera a su país si falta prudencia en su pueblo?

LA VERACIDAD FRENTE AL ENGAÑO

Prepare

¿Qué importancia da su sociedad a la verdad?

Ponga ejemplos de integridad en su sociedad.

Ponga ejemplos de deshonestidad en su sociedad.

En la Biblia, la palabra hebrea *emeth* significa «fidelidad, fiabilidad, credibilidad, p. ej., estado o condición de fiabilidad y lealtad a una persona o norma; verdad, cierto, seguro, p. ej., lo que se conforma con la realidad, y es tan cierto que no puede ser falso; honestidad, integridad, p. ej., estar en disposición o condición de decir la verdad y vivir conforme a una norma moral».

La palabra veracidad, según Webster, significa «conformidad con un hecho o realidad; concordancia exacta con lo que es, o ha sido, o será. La verdad de la historia constituye su valor total... Sinceridad; sin ninguna falsedad; costumbre de decir la verdad; disposición habitual a decir la verdad; como cuando decimos: un hombre es un hombre de verdad».

Lo opuesto, *sheqer*, significa en hebreo «engaño, falsedad engañosa, p. ej., disposición o condición completamente falsa que causa una creencia errónea; mentira, p. ej., comunicación verbal falsa; mentiroso, p. ej., uno que profiere falsedades y mentiras». Webster define la mentira como «falsedad criminal; falsedad proferida con intención de engañar; violación deliberada de la verdad. La ficción, o declaración, o representación falsa, sin intención de engañar, inducir a error o dañar, como las fábulas, parábolas y por el estilo, no es mentira».

¿Por qué alaba el libro de Proverbios la veracidad? ¿Por qué nos advierte que nos alejemos de la mentira? Porque aunque Dios desea que florezcamos, el mentiroso languidecerá. Será quebrantado y castigado; sufrirá graves consecuencias. El fin de la mentira es la muerte.

El que evita la mentira y se ejercita en la verdad vive confiadamente y goza de felicidad. Disfruta una vida próspera y abundante.

Aborrece mentir. Sabe que la mentira acarrea muerte y pobreza. Lo que comienza a nivel personal acaba manifestándose en todas las esferas de la sociedad.

Lea

Lea Proverbios 6:16-19; 12:19, 22; 13:5; 14:5; 21:6.

Mencione las características del mentiroso y las del veraz.

¿Le ha metido su lengua alguna vez en problemas? ¿De qué manera?

¿Conducen estos pares de palabras al florecimiento o a la muerte?

Ponga ejemplos concretos.

LAS VIRTUDES Y
LA PROSPERIDAD

Solo «los pueblos virtuosos son capaces de ser libres. A medida que las naciones se corrompen y se hacen viles, tienen más necesidad de amos».[1]

Más de doscientos años antes de Twitter, Benjamin Franklin, padre fundador de los Estados Unidos escribió acerca de esa sabiduría condensada. Evoca el tema principal de Proverbios: la virtud y el florecimiento humano están entretejidos en el tapiz de la vida humana.

MODELOS DE FLORECIMIENTO

Hemos establecido la prioridad bíblica del florecimiento humano. Pero ¿qué aspecto ofrece? Si Dios realmente quiso que la gente floreciera, ¿dónde podemos ver la demostración de su intención? Un lugar donde comenzar —un lugar excelente— es Lucas 2:52: «Y Jesús crecía en sabiduría y en estatura, y en gracia para con Dios y los hombres». Resulta obvio que en el Hijo de Dios encarnado veríamos una imagen de su ideal para la humanidad. Y así es, en efecto.[2]

1 Carta a los Sres. Abades Chalut y Arnaud, 17 de abril 1787. Citado por Alan Snyder, "Benjamin Franklin," Pondering Principles (blog), visitado el 22 de noviembre, 2016. http://pondering principles.com/quotes/franklin/.
2 También cabe destacar que si Dios consideró conveniente incluir este versículo en la Biblia, ello indica la prioridad del pleno crecimiento y desarrollo personal de hombres y mujeres.

Lucas afirma primeramente que Jesús crecía en sabiduría. Eso es lo que hacen los niños sanos. Este versículo aparece tras el relato de la comparecencia de Jesús en el templo a sus doce años. ¿Qué sucedió allí? Estuvo «sentado entre los maestros, escuchándolos y haciéndoles preguntas. Todos los que le oían se asombraban de su inteligencia y de sus respuestas» (Lucas 2:46-47, NVI). Como único Dios y hombre, Jesús fue singular.

Pero fue verdaderamente hombre y todos los niños sanos crecen en sabiduría. En el contexto, la palabra sabiduría se puede interpretar en sus varios aspectos de crecimiento intelectual: sabiduría, conocimiento y entendimiento.

La segunda dimensión del crecimiento aquí indicado es física: «Jesús creció… en estatura». Las sociedades occidentales resaltan injustificadamente la fortaleza y la belleza físicas. Pero esto no oscurece el hecho de que el crecimiento físico es importante en la vida humana. El hecho de que se acentúe excesivamente lo físico no quiere decir que el crecimiento y el desarrollo sean irrelevantes a los ojos de Dios.

Lucas asegura también que Jesús creció «en gracia para con Dios». Jesús fue plenamente hombre y plenamente Dios. Aunque no podemos captar completamente su naturaleza singular,[3] podemos aceptar al pie de la letra esta afirmación: creció espiritualmente. Y creció socialmente: «en gracia para con los hombres». A los doce años, Jesús tuvo la sensibilidad social normal de un preadolescente, y el autor también registra su sano crecimiento en esta dimensión.

Jun Vencer es hoy ex director de la Asociación Evangélica Mundial. Desempeñando esa función, enseñó ampliamente y desarrolló una serie de enseñanzas que responden a este modelo cuádruple de florecimiento humano. Se basa en Lucas 2:52 para aplicar las dimensiones del crecimiento a sociedades enteras. Y así, habla de *justicia* individual y nacional, de suficiencia *económica* para todos, de paz *social* duradera y de *justicia pública* perdurable, aun para los más pobres de los pobres.[4]

3 Los teólogos usan la expresión unión hipostática para explicar la enseñanza bíblica de que Jesucristo es Dios y plenamente hombre. Fue 100 por ciento divino y 100 por ciento humano (no 50-50), y sin embargo, fue una sola persona.
4 Las enseñanzas del Dr. Vencer se asemejan a las de la Alianza para el Discipulado de las Naciones con una diferencia. DNA (ADN) trata de influir en los sectores más desfavorecidos de la sociedad, mientras que el material de Vencer va destinado a la «élite» de la sociedad.

En el capítulo 3 citamos a Grover Gunn con respecto a la relación entre el corazón de las personas y el carácter de las instituciones de la sociedad en que viven. Existe una relación entre los *valores culturales de un país y sus instituciones públicas*. Esta relación entre cultura e instituciones incide directamente en la sabiduría y el desarrollo socioeconómico.

Las siguientes observaciones de Proverbios 16 se pueden resumir de esta manera: «La sabiduría guía tanto a los individuos como a los reyes. Tal como gobierna un rey, así va su reino».

El corazón del hombre traza su rumbo,
pero sus pasos los dirige el SEÑOR.
La sentencia está en labios del rey;
en el veredicto que emite no hay error.
Las pesas y las balanzas justas son del SEÑOR;
todas las medidas son hechura suya.
El rey detesta las malas acciones,
porque el trono se afirma en la justicia.
El rey se complace en los labios honestos;
aprecia a quien habla con la verdad.
La ira del rey es presagio de muerte,
pero el sabio sabe apaciguarla.
El rostro radiante del rey es signo de vida;
su favor es como lluvia en primavera.
Más vale adquirir sabiduría que oro;
más vale adquirir inteligencia que plata (Prov. 16:9-16, NVI).

Reflexione
¿Qué relación hay entre cultura e instituciones sociales, económicas y políticas?
¿Qué relación hay entre sabiduría y desarrollo social, económico y político?

MARCOS NACIONALES

La relación entre la sabiduría y la conducta de personas y naciones merece ser examinada con más detenimiento.

En los Estados Unidos solemos hablar de «guerras culturales», es decir, del conflicto entre dos o más cosmovisiones que tiene lugar en la arena pública. En un mundo caído, tales conflictos son inevitables, quizás, incluso necesarios. Pero las guerras culturales se libran generalmente a nivel de la política pública. Muchas personas nunca se detienen a reconocer que la política deriva de la cultura. Las instituciones de una sociedad —ya sean sociales, económicas o políticas— son fruto de la cultura. La cultura precede a la política, y el culto (veneración, adoración) precede a la cultura (manifestación de la veneración).

La cultura es la repercusión diaria de la veneración. ¿Qué apariencia tiene esto en las instituciones de una sociedad?

Una sociedad animista cree que los espíritus habitan en todo, y el culto se hace con sacrificios. Se presentan ofrendas; un tazón de arroz al pie de un árbol. Incienso en un santuario con la fotografía del abuelo del oferente. Éste quema incienso esperando que el espíritu de su abuelo eche una mirada o lo deje en paz.

Este culto se transmite directamente a las instituciones sociales. Si uno necesita algo de un oficial del gobierno, se acerca a él con regalos (léase sobornos). Le entrega una ofrenda para que haga algo en su favor, o le deje en paz.

Figura 8

Fíjese en la figura 8. A la izquierda aparece el principio general: que la dimensión espiritual de la vida humana pasa a la cultura. La cultura se compone de actividad en las mentes y los corazones, y todo ello es un reflejo de lo espiritual. El resto del gráfico muestra tres sistemas alternativos en los que esto se manifiesta. Donde se abraza el ateísmo, se manifiesta la adoración al hombre. Las culturas demoníacas veneran a los demonios. Las sociedades teístas adoran a Dios. Cada uno de ellos desarrolla un relato o explicación de la vida, una cosmovisión. A partir de esa cosmovisión la sociedad labra sus instituciones sociales, políticas y económicas.

Lo que hay dentro de nosotros sale, crea cultura; de ahí edificamos las instituciones. ¿Qué significa esto para la sabiduría y el desarrollo humano? Jesús mandó a sus seguidores discipular a todos los pueblos y naciones, «bautizándolos en el nombre del Padre, y del Hijo, y del Espíritu Santo; enseñándoles que guarden todas las cosas que os he mandado» (Mat. 28:19-20). La sabiduría es el camino hacia la obediencia.

El desarrollo moral y espiritual es fundamental para el desarrollo nacional. Esto es verdad tanto por lo que se refiere a la justicia personal como a la justicia pública. Lo espiritual precede al desarrollo social, económico y político. Pretender que las tradiciones sociales o costumbres económicas o poder político puedan separarse del amarradero espiritual es necedad. Todo ser, toda sociedad humana tiene algún tipo de fundamento espiritual. Todo lo demás en la vida personal o social se edifica sobre la base de dicho fundamento.

Figura 9

Si el fundamento es el orden divino, ello resulta en vida. Dios Creador insertó vida en los principios de la creación. Su orden es vivificador. La sabiduría practica el orden de Dios.

¿Cómo puede un ciudadano contribuir a edificar una nación a menos que comience por sí mismo, su familia, su comunidad y su provincia? La puerta de acceso a la vida nacional es el corazón. A raíz del cultivo del corazón las familias son bendecidas o maldecidas, las comunidades prosperan o languidecen. La transformación de una nación y una sociedad empieza por su corazón, su mentalidad, su cosmovisión; de ahí fluye a la cultura, y después, a sus instituciones. El crecimiento expansivo de la cosmovisión incide en la pobreza o riqueza de un país.

El orden divino es dado en la ley y en las Escrituras. Por «ley» queremos decir la aplicación de la ley moral para llevar una vida justa y la aplicación pública de la ley moral, que es necesaria para construir sociedades justas y pacíficas. La sabiduría es la personificación de la ley, lo mismo que Jesús es su culminación.

En el pasado, se usaba la palara cristiandad en las sociedades europeas y americanas mayormente basadas en principios bíblicos. El autor inglés y apologeta G. K. Chesterton escribió: «Si alguien desea saber lo que queremos decir al afirmar que el cristianismo fue y sigue siendo una cultura, o una civilización, hay una manera sencilla y aproximada de explicarlo. Consiste en preguntarse qué es lo más común… de todos los usos de la palabra "cristiano"… hace mucho tiempo que significa una cosa en el lenguaje casual de la gente común, esto es, una cultura o civilización».[5] Chesterton vivió en el último cuarto del siglo XIX y primer tercio del siglo XX. Afirma, en esencia, que no importa en qué circunstancias culturales se encuentren los cristianos. Si viven cristianamente, participan de una cultura común. Están empezando a vivir en la cultura del cielo. Esta es la cultura de la verdad, la belleza y la bondad llevada a la práctica. La cristiandad es la Biblia esparcida por el mundo, no limitada al monasterio o guardada en el armario. Es una cristiandad que influye en los actos cotidianos, una cultura de hacer el bien de manera hermosa que revela verdad.

---

5 G. K. Chesterton, *A Short History of England* (London: Chatto and Windus, 1917) 124. *Breve historia de Inglaterra*, (Barcelona, Ed. El acantilado, 2005.)

LA VIRTUD Y LA CORRUPCIÓN

Llevemos este principio general a un terreno más concreto. ¿Qué aspecto ofrece una vida en una sociedad en la que se reconocen y se observan los principios bíblicos? Una manera de caracterizar tal sociedad es la vida virtuosa de sus ciudadanos. La práctica de un conjunto limitado de virtudes —tal vez dos docenas— conduce al florecimiento de los individuos y las sociedades.

Cada virtud tiene su vicio correspondiente que, si se cae en él, conduce a la pobreza de personas y sociedades. Las virtudes y los vicios son tanto internos como externos. Comienzan en el corazón y se extienden a todos los sectores de la sociedad.

Examinaremos virtudes y vicios en Proverbios en relación con lo siguiente:

1. Desarrollo moral y espiritual (tanto justicia personal como pública)

2. Desarrollo social, político y económico

Considere la costumbre del matrimonio. Desde la creación, el Creador prescribió el matrimonio monógamo y heterosexual. En ese contexto, se bendice la expresión sexual y los seres humanos florecen. Cualquier otra expresión de intimidad sexual es vicio. Si ejercemos una expresión sexual sin tener en cuenta su designio virtuoso, nos encaminamos a la destrucción. Esto es válido para la persona y para la sociedad.

Cada virtud y cada vicio tienen su origen en el Antiguo Testamento, como declara Proverbios y repiten en el Nuevo Testamento Cristo y los apóstoles. De hecho, la vida virtuosa es plenamente plasmada en la vida de Cristo. Por tanto, la meta de los seguidores de Cristo es asemejarse a Él.

Lea

Lea Romanos 2:9; Filipenses 4:8; Gálatas 5:19-23.

¿Qué revelan estos pasajes acerca de la virtud y el vicio?

¿Cómo se distinguen la virtud y el vicio?

LOS TÉRMINOS BÍBLICOS

La virtud y el vicio aparecen en la Biblia. En el Antiguo Testamento, la palabra hebrea *tehillah* (virtud) significa «alabanza, adoración, acción de gracias». Se usa para «confesar cosas positivas acerca de la excelencia de otra persona; fama, reputación, p. ej., palabras que caracterizan a una persona o un pueblo; hechos que son dignos de encomio». En el Nuevo Testamento, la palabra griega *aretē* expresa la noción de «virtud, bondad, excelencia; acto maravilloso; manifestación de poder que implica excelencia». El diccionario Webster 1828 define la virtud como «bondad moral; práctica de deberes morales y abstención del vicio, o conformidad de vida y conversación con la ley moral». Dicho llanamente, la virtud es obediencia voluntaria a la verdad.

Aunque no hay equivalente en el hebreo actual para la palabra vicio del Antiguo Testamento, una palabra similar y relacionada (ra) se traduce de varias formas: «malo, malvado, perverso, no bueno, p. ej., concerniente a lo que no es normalmente puro o bueno según un criterio correcto, implicando que este mal impide o interrumpe una relación con una persona o principio correcto». Vicio aparece en el Nuevo Testamento. La palabra griega *kakos* se traduce por «relativo a lo malo, implicando que es nocivo y perjudicial —malo, perverso, nocivo, cruel».[6]

Obtenemos más ayuda del lexicógrafo estadounidense Noah Webster. «En ética, cualquier acción voluntaria o curso de conducta que se desvía de las normas de rectitud moral… toda conducta indebida, ya sea por incumplimiento del deber, o por transgresión de principios conocidos de rectitud… indulgencia excesiva de pasiones y apetitos que en sí mismos no son malos, es vicio». La naturaleza humana caída se inclina congénitamente al vicio. La virtud requiere un desarrollo intencional. Este es el mensaje de Proverbios respecto a la naturaleza y la disciplina de los niños.

La virtud tiene su raíz en el amor.

VISTA PREVIA DE LAS VIRTUDES

Anteriormente vimos que la práctica de una lista relativamente corta de virtudes puede representar una enorme diferencia en la vida de

---

6 Louw-Nida Greek-English Lexicon of the New Testament Based on Semantic Domains, 2nd ed., ed. J. P. Louw and E. A. Nida (New York: United Bible Societies, 1988).

una comunidad y nación. En los siguientes capítulos abordaremos las virtudes en profundidad. Por ahora, he aquí una vista previa.

Veremos la aplicación de las virtudes en cuatro escenarios del desarrollo humano: (1) moral y espiritual, (2) social, (3) político, y (4) económico. Cada uno de ellos representa una aspecto crucial de la vida que solo florece cuando se practica el conjunto correspondiente de virtudes. Por ejemplo, el desarrollo moral y espiritual de una comunidad o nación precisa de ciudadanos que se caractericen por siete virtudes: mansedumbre, arrepentimiento, oración, esperanza, gozo, justicia y dominio propio (templanza).

La primera categoría, el desarrollo moral y espiritual, abordó la vida personal y social. La segunda categoría, el desarrollo social, está especialmente dedicada a la vida en relación con otros —por ejemplo, la vida en familia y con amigos y vecinos—. Veremos especialmente tres agrupaciones familiares: mujeres y esposas, padres e hijos y ancianos. Con nuestros amigos y vecinos, las virtudes de amor, lealtad, amabilidad y paz son de un valor primordial.

El aforismo «la caridad empieza en casa» es digno de elogio. La práctica de la virtud necesita ser evidente primeramente en la propia vida y familia. Cuando un servidor público yerra en su vida privada o familiar, su idoneidad para la vida pública queda penosamente en entredicho. Una vez dicho esto, la arena del desarrollo político, la tercera categoría, establece exigencias especiales en las virtudes de organización, liderazgo y justicia.

Finalmente, la cuarta categoría, el desarrollo económico, exige laboriosidad, ahorro, frugalidad, generosidad, integridad y conservación.

Todas las esferas de la vida se benefician de la aplicación de un subconjunto particular de virtudes. No obstante, todas las virtudes son siempre adecuadas. De hecho, en un sentido puede inducir a error dividir estas virtudes fundamentales en categorías separadas. Solo lo hacemos por conveniencia para el estudio. Pero todas las virtudes son oportunas en todas las situaciones.

PARTE 4

SABIDURÍA Y DESARROLLO

12

DESARROLLO MORAL
Y ESPIRITUAL

Muchas naciones experimentan hoy declive económico. Ante este panorama, uno podría verse tentado a saltar al capítulo de virtudes y desarrollo económico. Pero sería un error. Antes de considerar el desarrollo económico (o social o político), debemos ponderar la cuestión anterior de desarrollo moral y espiritual. El declive económico nacional suele deberse generalmente al declive moral. Y a la inversa, el florecimiento económico suele ir precedido de desarrollo moral y espiritual —reforma.

Menos de noventa días después de los ataques terroristas del 11 de septiembre sobre los Estados Unidos, otra catástrofe de índole completamente distinta dejó una estela de devastación no menos profunda.

El escándalo de Enron es uno de los casos más famosos de quiebra empresarial de los Estados Unidos. Hubo un tiempo en el que trabajaban para Enron unas 20.000 personas, y muchas otras tenían cuentas de jubilación en gran medida financiadas por acciones de bolsa. La revista Fortune galardonó a Enron por ser la «empresa más innovadora del país» durante seis años consecutivos; los ingresos de la compañía ascendieron a unos cien mil millones de dólares en el año 2000.

Pero ese panorama halagüeño era inexacto, de hecho, el crecimiento de la compañía estaba basado en un fraude sistémico. En realidad, la ley de Sarbanes-Oxley, concebida para proteger a los inversores de fraudes empresariales, fue impulsada en buena parte por Enron. Es la descomunal ironía del caso Enron. Ken Lay, director ejecutivo de Enron, era cristiano evangélico. Asistía los domingos a la iglesia. Y administraba los lunes su compañía apoyado en prácticas empresariales modernas, sin dirección bíblica. Sin someterse a un marco moral, la compañía colapsó y el bienestar de miles de personas, empleados y accionistas fue gravemente quebrantado.

El intelectual y filósofo indio Vishal Mangalwadi asegura que la caída de Enron fue más significativa en los EE.UU. que la de las torres gemelas.[1] ¿Por qué? Porque el 11 de septiembre fue un ataque externo perpetrado por terroristas extranjeros, pero Enron fue síntoma del colapso moral y espiritual de una nación.

JUSTICIA PERSONAL Y PÚBLICA

La amenaza de ataques externos pende a veces gravemente sobre un país y sus líderes. Pero todos ellos harían mejor en prestar atención al interior, al tejido moral de sus propias almas. La historia indica que las naciones se pudren por dentro antes de ser derrotadas desde fuera. De modo parecido, para resolver una crisis económica es preciso reformar la cultura. Las naciones deben entender y vivir en el marco moral y metafísico que sustenta una sociedad libre, justa y equitativa.

Por ejemplo, una de las virtudes de Proverbios es la frugalidad, palabra que apenas se usa en la actualidad. Hace doscientos años, la frugalidad era una virtud en la vida estadounidense. Por supuesto, el materialismo no era desconocido, pero no dominaba la cultura como en el presente. La gente trabajaba duro y ahorraba. Estas virtudes permitieron que los Estados Unidos prosperaran. Pero en el presente, la noción de frugalidad ha prácticamente desaparecido.

> *Reflexione*
> ¿Qué relación hay entre la cultura y la vida social, política y económica de una nación?
> ¿Qué relación hay entre su desarrollo moral y espiritual y su desarrollo social, político y económico?

---

1 Vishal Mangalwadi, "Enron, Corruption and True Spirituality," visitada el 12 de septiembre, 2017, http://listserv.virtueonline.org/pipermail/virtueonline_listserv.virtueonline.org/2002-February/003275.html.

En el capítulo anterior mencionamos varias virtudes: mansedumbre, arrepentimiento, oración, esperanza, gozo, justicia y templanza o dominio propio. Una lectura del libro de Proverbios le mostrará estas virtudes cruciales para el desarrollo moral y espiritual. Analicémoslas una por una.

MANSEDUMBRE

Prepare
Lea Proverbios 11:2; 16:18-19; 22:4; 27:1-2, 21; 29:23.
¿Qué características y consecuencias acarrea la humildad? ¿Y el orgullo?

La humildad (o mansedumbre) se suele confundir con la debilidad por su terminación. Esto haría que la mansedumbre fuese lo opuesto de la fortaleza. Pero, por supuesto, esto no puede ser, por cuanto hay una Persona mansa y poderosa. Él dijo de sí mismo: «Llevad mi yugo sobre vosotros, y aprended de mí, que soy manso y humilde de corazón; y hallaréis descanso para vuestras almas» (Mat. 11:29). Otros dijeron de Él: «Y estaban todos maravillados, y hablaban unos a otros, diciendo: ¿Qué palabra es esta, que con autoridad y poder manda a los espíritus inmundos, y salen?» (Luc. 4:36).

La mansedumbre es una dimensión de la gentileza o amabilidad. Recuerde cuando Jesús tocó compadecido a un leproso (Mar. 1:41). Los leprosos eran considerados intocables, inmundos. Jesús había sanado antes a distancia (véase Lucas 7:3-10); ciertamente, podría haber sanado a ese hombre sin haberle tocado. Demostró tierna dulzura —mansedumbre— al desviarse de su camino para tener contacto con un leproso inmundo.

Recuerde que Jesús habló tiernamente a la difunta hija de Jairo (Lucas 8:54), tomándola de la mano y diciéndole: «¡Bueno, cariño, es hora de levantarse!». Sin fanfarria ni teatralidad, solamente un «sencillo» acto de resurrección, sin esfuerzo, realizado humildemente. Y qué decir de la ocasión en la que Jesús, acompañado de dos discípulos, llegó a la aldea a donde iban e «hizo como que iba más lejos» para no dar por sentada una invitación (Lucas 24:28).

La verdadera fortaleza y la mansedumbre son amigos íntimos, no extraños.

Otro buen ejemplo de la historia es el código de caballería de los caballeros de la Edad Media. Eran conocidos por su aspecto fiero hacia los villanos y su amable gentileza para con los débiles.

La mansedumbre está relacionada con la humildad. La palabra hebrea *tsanua* significa «humilde, modesto, p. ej., concerniente a la humildad y falta de presunción u orgullo». Obtenemos más luz consultando el Webster, que contiene la siguiente entrada: «Humilde, modesto; manso; sumiso; opuesto al orgulloso, altivo, arrogante o presumido. En sentido evangélico, tener un bajo concepto de sí y un profundo sentido de indignidad delante de Dios». Sin la humilde imitación del divino autor de nuestra bendita religión, nunca podemos esperar ser una nación feliz.

Por supuesto, lo opuesto a la humildad, o mansedumbre, es la soberbia. Muchas personas nunca han considerado que el orgullo fue el primer pecado en la creación. Primeramente, el diablo, y después el ser humano, cayeron en el pecado de soberbia. El profeta Isaías describe al susodicho en la imagen del rey de Babilonia.

¡Cómo caíste del cielo,
oh Lucero, hijo de la mañana!
Cortado fuiste por tierra,
tú que debilitabas a las naciones.
Tú que decías en tu corazón:
Subiré al cielo; en lo alto,
junto a las estrellas de Dios,
levantaré mi trono,
y en el monte del testimonio me sentaré,
a los lados del norte;
sobre las alturas de las nubes subiré,
y seré semejante al Altísimo (Isa. 14:12-14).

El apologista y profesor de Oxford C. S. Lewis hizo una profunda observación acerca del orgullo: «Según los maestros cristianos, el pecado esencial, el máximo mal es el orgullo. La impureza, la ira, la codicia, la embriaguez, no son más que picaduras de pulga en comparación —por la soberbia el ángel se convirtió en diablo—. El orgullo conduce a todos los demás pecados; es el estado mental que colma la enemistad con Dios».[2]

Un espíritu humilde en los líderes establece un tono de paz y mansedumbre en una sociedad. Y en la comunidad. Y en la iglesia. Los seguidores de Cristo deben ser los primeros en dar ejemplo, como hizo el apóstol Pablo, por «la mansedumbre y ternura de Cristo» (2 Cor. 10:1).

Medite
Describa a una persona conocida que sea humilde.
¿Por qué es tan importante un espíritu humilde en los dirigentes para edificar naciones piadosas?
¿Qué ocurre cuando los líderes de la iglesia, la comunidad y la nación son soberbios?

ARREPENTIMIENTO

Si usted ha lamentado alguna vez un acto ha experimentado un poco de arrepentimiento. Lamentar es sentirse mal por las decisiones que uno ha tomado. Prácticamente todos nos lamentamos de algo. «Ojalá no hubiera dicho eso a mi hermana». Esto es lamentarse. Pero el lamento y el arrepentimiento no son sinónimos.

El arrepentimiento va más allá de la mera lamentación. Arrepentirse es reconocer el mal en presencia del ofendido. «Lamento haberte dicho eso. Estaba equivocado. Por favor, perdóname». Aunque el arrepentimiento en las relaciones humanas es una virtud esencial, también es importante acercarse a Dios con un espíritu arrepentido. Dios es el divino juez. Todo ser humano que ha soñado alguna vez con la justicia puede estar agradecido de que hay un juez que se interesa por los asuntos humanos y se propone juzgar toda injusticia. ¿Dónde estaría el mundo sin un juez? Pero esa moneda de la justicia tiene otra cara que declara la necesidad de arrepentimiento.[3] Puesto que Dios es el divino juez, nosotros solo podemos entablar relación con Él con una actitud de arrepentimiento.

---

2 C. S. Lewis, *Mere Christianity* (New York: HarperCollins, 1980), 122. *Mero cristianismo* (Madrid: Ediciones Rialp,2017).
3 El origen de esta apreciación es debido a Timothy Keller.

Debemos mostrar una humilde disposición a considerar el justo derecho divino sobre nuestras vidas y conductas, y debemos dar una respuesta plena a la verdad que Él nos revela.

Lea

Lea Proverbios 10:23; 14:9; 28:13.

¿Qué exige el arrepentimiento?

Además de confesar su pecado, ¿qué otra cosa hace la persona sabia?

El libro de Proverbios no incluye la palabra arrepentimiento, pero la idea es clara. Dos palabras relacionadas aparecen en el libro. Una es confesar. La palabra hebrea *yada* significa «expresar alabanza, exaltar, p. ej., hacer confesión pública de los atributos y hechos poderosos de una persona; note: se pone el acento en la noción de la alabanza, declarada en voz audible, normalmente en el contexto de la comunidad» —significando que la confesión es pública, no meramente privada.

La confesión en el Webster se define como «el reconocimiento de un crimen, falta o algo en propia desventaja; declaración abierta de culpa, fracaso, deuda, acusación». Note que en cada caso hay algo incorrecto en la propia vida que precisa ser reconocido. Necesita ser reconocido internamente, pero la verdadera confesión es llevada a la arena pública. Este es un paso difícil, pero manifiesta la autenticidad del arrepentimiento.

Tanto el término hebreo como el español incluyen la dimensión pública de la confesión. Insistimos en que hay un paralelo en el uso que hace Jesús de la palabra: «A cualquiera, pues, que me confiese delante de los hombres, yo también le confesaré delante de mi Padre que está en los cielos» (Mat. 10:32).

La segunda palabra, en Proverbios, relacionada con el arrepentimiento es el verbo «ocultar, esconder». Imagínese un niño que se comporta mal a escondidas. Sabe que ha hecho mal, pero intenta ocultar su transgresión. Dios ha concedido a los seres humanos conciencia. Aun los niños saben que han hecho mal. Proverbios indica que el esfuerzo por ocultar las malas obras es ridículo e incluso nocivo.

La palabra hebrea *kasah* significa «ocultar, esconder, «mantener escondido, guardar para uno mismo, no responder con conocimiento, p. ej., ocultar información a otros, aunque conocida y entendida por uno mismo». La sabiduría llama al arrepentimiento, a revelar lo que se ha escondido.

El término «transparencia» recibe mucha atención en la actualidad, y capta la idea de confesión pública frente a la ocultación de las ofensas. «El que encubre sus pecados no prosperará; mas el que los confiesa y se aparta alcanzará misericordia» (Prov. 28:13). ¿Quién puede olvidar los videos secretos del Centro para el progreso médico que pusieron en evidencia a agentes de Planned Parenthood negociando precios de partes del cuerpo de bebés abortados... y cosas aún peores?

Los seguidores de Cristo deben dar ejemplo en la comunidad y la sociedad del hábito del arrepentimiento y auto-revelar los propios pecados. Deben animar a otros a hacer lo propio.

Reflexione

¿Qué revelan las palabras hebreas que significan «confesar» y «ocultar» acerca de su naturaleza personal o pública?

¿Qué piensa usted de la idea de la confesión pública?

¿A quién conoce que haya confesado de esta manera?

¿Ha confesado alguna vez públicamente? Describa la experiencia.

Se suele usar el término moderno transparencia. ¿Conoce alguna figura pública en la iglesia o en el gobierno civil que sea transparente?

ORACIÓN

Todas las sociedades han reconocido y practicado alguna clase de oración. No obstante, al contrario de lo que afirman los ateos, ser humano es reconocer la presencia del Todopoderoso. Y siendo así, el siguiente paso natural es pedirle ayuda. O darle gracias por sus bendiciones. O interceder y pedirle que intervenga en la vida de otros. Todas estas son formas de oración. Y la oración es una de las siete conductas virtuosas que se exhortan en Proverbios.

Hemos notado anteriormente en esta serie que Proverbios no es de carácter salvífico. Los grandes temas hebreos del templo, el sistema sacrificial, y el sacerdocio no se hallan en este libro. Antes bien, el autor se preocupa en cómo prosperar aquí y ahora.

Habiendo dicho esto, es importante no perder de vista la dimensión cristológica de todo el Antiguo Testamento, por la afirmación de Jesús: «que era necesario que se cumpliese todo lo que está escrito de mí en la ley de Moisés, en los profetas y en los salmos» (Luc. 24:44). Proverbios, por ejemplo, susurra a través de Uno que ha de venir que es Él mismo «la sabiduría de Dios» (1 Cor. 1:24).

Lea

Lea Proverbios 15:8; 29; 28:9.

¿Qué revelan estos pasajes acerca de la oración?

¿Qué contrasta con la oración en estos pasajes?

Solo hay tres pasajes en Proverbios que hablan de oración. ¿Por qué puede haber tan pocos pasajes acerca de una actividad tan importante en el libro de Proverbios?

Lo que resulta más obvio en este libro es la abundancia de aviso y consejo para afrontar las necesidades prácticas cotidianas: relaciones, trabajo, trato con la autoridad, resistir la tentación, matrimonio, crianza de hijos, evitar la insensatez, aprender sabiduría, y otras. Este enfoque en la vida terrenal no reduce Proverbios a trabajo «secular», como si no hubiese división artificial entre lo sagrado y lo secular. Retiene una firme dirección hacia Dios y enseña al lector a andar en sus caminos. Y el tema de la oración es un medio por el que el autor encomia una vida piadosa.

Los autores hebreos de Proverbios usaron un término (*tephillah*) que significa «oración, súplica, solicitud y petición, p. ej., el acto de hablar o presentar peticiones a Dios».

Nuestros hábitos de oración son un buen indicador de nuestro sentido de dependencia de Dios. Además de mencionarse la oración en Proverbios (3:6; 15:8, 29) algunas exhortaciones paralelas sustentan el concepto. Un buen ejemplo es el temor de Dios. La frase el temor de Dios aparece catorce veces en el libro. Este es otro ejemplo de una virtud que el autor elogia para tener una vida próspera:

> El temor del Señor conduce a la vida;
> da un sueño tranquilo y evita los problemas (Prov. 19:23, NVI).

Este par de versículos tratan de las dos caras de una misma moneda. Por un lado, se nos advierte que evitemos el orgullo: «No seas sabio en tu propia opinión; más bien, teme al Señor y huye del mal» (Prov. 3:7, NVI). Por otro, se nos exhorta a practicar la humildad: «Recompensa de la humildad y del temor del Señor son las riquezas, la honra y la vida» (Prov. 22:4, NVI).

Noah Webster definió la oración como sigue: «Con reverencia, una apelación solemne al Ser supremo, consistente en la adoración, o expresión de nuestro sentido de las perfecciones gloriosas de Dios. Confesión de pecados, súplica por misericordia y perdón, intercesión por bendiciones para otros, con acción de gracias, o expresión de gratitud a Dios por sus mercedes y beneficios».

Una actitud humilde, una oración ofrecida en el temor de Dios, confiere un beneficio incalculable. Los seres humanos hacen lo imposible por extraer preciosos recursos de la tierra, pero nada terrenal puede compararse con el valor de la oración. Oro, diamantes, petróleo —son, en comparación, cosas triviales—. Las personas y naciones que aprenden a vivir en el temor de Dios y practican la virtud de la oración desatan un recurso «sobrenatural» mucho más valioso que cualquier otro recurso «natural».

Algunos de los padres fundadores de los Estados Unidos reconocieron el valor de la oración. George Washington dijo: «Yo ruego fervientemente al Ser Omnipotente, que no ha desamparado la causa de los Estados Unidos en la hora de su máximo peligro, que nunca desestime un patrimonio tan valioso de libertad para que no caiga presa de la "Anarquía"o el "Despotismo"». (¡Esta oración tiene gran relevancia en 2019!) Benjamin Franklin declaró: «Solicito, pues, que se apruebe que de ahora en adelante se eleven oraciones que imploren la ayuda del Cielo y su bendición sobre nuestras deliberaciones, y se hagan en esta Asamblea todas las mañanas antes de proceder a abordar ningún asunto». John Adams declaró días de ayuno y oración por la nación, como también Abraham Lincoln, quien dijo: «Conviene… que nos humillemos delante del Poder ofendido, para confesar los pecados de la nación, y suplicar al Dios que nos creó». Trágicamente, ese sentimiento fue víctima de un creciente naturalismo en la sociedad.

Reflexione
¿Qué piensa usted de los elementos clave de Noah Webster acerca de la oración?

ESPERANZA

Puede que algunas personas se sorprendan al ver este término incluido en una lista de virtudes. Se suele considerar que el nivel de esperanza de una persona es una dimensión de su personalidad. Algunas personas son por naturaleza optimistas; otras más pesimistas. Pero Proverbios nos enseña que la verdadera esperanza se asienta en la virtud. También indica que la esperanza de algunas personas (de los malvados en particular) es falsa. Pueden sentir optimismo, pero su esperanza es infundada porque se basa en la ignorancia y la necedad de la rebelión contra Dios. La esperanza es más que temperamento, y la Biblia ciertamente no respalda enfocar la vida con un optimismo constante o excesivo.

Reflexione
¿Tiende usted a ser optimista o pesimista?
¿Cuál es el estado de ánimo de su país actualmente? ¿Cómo afecta a la gente?
Lea Proverbios 10:24, 25, 28; 11:7, 23; 24:11-14.
¿Qué revelan estos pasajes acerca de la esperanza y la desesperación?
¿Podemos tener esperanza aunque las circunstancias no sean buenas? ¿Por qué o por qué no?

La palabra hebrea que se usa en Proverbios, *tocheleth*, significa «esperanza, expectación, p. ej., una perspectiva de futuro positiva». Según Webster, la palabra inglesa significa «confianza en un acontecimiento futuro; el más alto grado bien fundado de expectación de bien; como una esperanza fundada en las amables promesas de Dios... Una esperanza bíblica bien fundada es, en nuestra religión, fuente de una felicidad inefable». Pero, como muchas otras palabras, la esperanza se define de diversas maneras en el uso cotidiano. Decir «espero que me toque la lotería» tiene poco que ver con la manera en que se suele usar la palabra esperanza en la Biblia. He aquí un rápido repaso de lo que afirma Proverbios acerca de la esperanza.

La esperanza de los justos es alegría;
mas la esperanza de los impíos perecerá (Prov. 10:28).

Todo el mundo tiene esperanzas. La esperanza es universal. Pero no resulta ser la misma para todos. Este versículo indica una trayectoria distinta para los justos y los impíos. A unos, la esperanza les conduce a la realización; a otros, a la desesperanza.

Cuando muere el hombre impío, perece su esperanza;
Y la expectación de los malos perecerá (Prov. 11:7).

La esperanza solo dura una vida. En ese punto uno recibe lo que esperaba («¿quién espera lo que ya tiene?». [Rom. 8:24]) o, como reza este versículo, muere sin ese cumplimiento. Su esperanza muere con él.

La esperanza que se demora es tormento del corazón;
pero árbol de vida es el deseo cumplido (Prov. 13:12).

Mientras dura la vida, la esperanza señala hacia el futuro. Y es un elemento tan fuerte en el corazón humano que crea expectativas. Cuando esas expectativas no se cumplen, cuando el objeto de la esperanza se desvanece en el futuro, esta dilación genera una dolencia en el alma.

No envidies en tu corazón a los pecadores;
más bien, muéstrate siempre celoso en el temor del Señor.
Cuentas con una esperanza futura,
la cual no será destruida (Prov. 23:17-18, NVI).

Dios ha prometido cuidar de sus hijos. Cuando vivimos en el temor del Señor Él se ocupa de nuestro futuro. Este ejercicio de esperanza en el futuro es un remedio para el problema de la envidia hacia los que parecen no tener en cuenta a Dios y sin embargo prosperan.

> Come, hijo mío, de la miel, porque es buena,
> y el panal es dulce a tu paladar.
> Así será a tu alma el conocimiento de la sabiduría;
> si la hallares tendrás recompensa,
> y al fin tu esperanza no será cortada (Prov. 24:13-14).

El autor Joe Rigney se burla con una pregunta deliciosa y la responde con esta verdad: «¿Por qué hizo Dios la miel tan dulce y sabrosa? Para que tuviéramos alguna idea de lo que es la sabiduría (al menos, esa es una de las razones)».[4] La dulzura de la sabiduría nos asegura que Dios es real y podemos confiar en Él de cara a un buen futuro.

> ¿Has visto hombre sabio en su propia opinión?
> Más esperanza hay del necio que de él (Prov. 26:12).
> ¿Has visto hombre ligero en sus palabras?
> Más esperanza hay del necio que de él (Prov. 29:20).

Este par de observaciones evocan Proverbios 19:18. Un joven sin disciplina —un necio— cuenta con pocas razones para tener esperanza, porque solo una vida disciplinada de sabiduría tiene por delante un futuro mejor. Y, no obstante, tal necio tiene más motivo para albergar esperanza que «el hombre que piensa que es muy listo» (Prov. 26:12, El Mensaje), o que «las personas que siempre hablan antes de pensar» (Prov. 29:20, El Mensaje).

La enseñanza de Proverbios acerca de la esperanza encaja en una historia redentora más amplia. Entre las más de 160 referencias bíblicas a la esperanza están las siguientes:

- La antigua reflexión de Job: «He aquí, aunque él me matare, en él esperaré» (Job 13:15).

- La reconfortante promesa a Jeremías: «Porque yo sé muy bien los planes que tengo para vosotros —afirma el

---

4 Joe Rigney, *The Things of the Earth* (Wheaton, IL: Crossway, 2015), 71.

Señor—, planes de bienestar y no de calamidad, a fin de daros un futuro y una esperanza» (Jer. 29:11, NVI).

- El objetivo final del cristiano: «Aguardando la esperanza bienaventurada y la manifestación gloriosa de nuestro gran Dios y Salvador Jesucristo» (Tito 2:13).

Reflexione
¿Por qué es tan importante vivir con esperanza?
¿Cómo afecta la desesperanza a una comunidad o nación?
¿Cuál es la base de nuestra esperanza?

GOZO

Prepare
Lea Proverbios 3:13; 17-18; 15:13; 29:2-3, 6, 17-18; 11:20.
¿Cuál es la fuente de nuestro gozo o felicidad?
¿Quién puede estar gozoso?
¿Qué cosas acarrean gozo?

Si nos sorprende ver la esperanza en una lista de virtudes, la inclusión del gozo quizá represente una sorpresa aún más grande. ¿No refleja el gozo simplemente las circunstancias en que nos hallamos? Si las cosas van bien, nos sentimos felices, gozosos. Por otra parte, todo el mundo tiene un día malo de vez en cuando, y algunas personas viven con cargas y tristezas insufribles. En consecuencia, experimentan escaso gozo.

No es así como interpreta el gozo Proverbios. Más bien el gozo es la consecuencia natural de vivir sabiamente. El gozo se experimenta a medida que observamos la instrucción de Dios para la vida. Esto significa que la obediencia, no la circunstancia, es la clave del gozo. Las circunstancias pueden ser tan adversas que conduzcan a la desesperanza. Pero el gozo nos permite vivir por encima de ellas, sabiendo que las pruebas y las circunstancias nos pueden guiar a la madurez y la plenitud como parte del proceso de florecimiento humano.

Esta observación evoca la epístola de Santiago en el Nuevo Testamento, que ha sido comparada con Proverbios. Santiago inicia su carta opinando acerca del gozo, las circunstancias y la sabiduría, usando un lenguaje que, en algunas cuestiones, suena como Proverbios: «Hermanos míos, tened por sumo gozo cuando os halléis en diversas pruebas, sabiendo que la prueba de vuestra fe produce paciencia. Mas tenga la paciencia su obra completa, para que seáis perfectos y cabales, sin que os falte cosa alguna. Y si alguno de vosotros tiene falta de sabiduría, pídala a Dios, el cual da a todos abundantemente y sin reproche, y le será dada» (Stgo. 1:2-5).

Proverbios usa la palabra hebrea *simchah*, que significa «gozo, contento, delicia, p. ej., sentimiento o actitud de felicidad y alegría gozosas; nota: en algunos contextos, es una respuesta o manifestación de adoración a Dios, que trasciende incluso circunstancias desfavorables». Webster define el gozo como «la pasión de la emoción incitada por la adquisición o expectativa de bien; el entusiasmo de sensaciones agradables… por una perspectiva racional de poseer lo que amamos o deseamos; alegría; regocijo; exultación, euforia espiritual. Gozo es deleite en la mente, al considerar la posesión actual, o segura y cercana, de un bien».

Un estudio del gozo en Proverbios comporta considerar lo opuesto del gozo: la amargura. La palabra hebrea *morrah* significa «amargura, p. ej., estado de desgracia, angustia y aflicción mental». La definición equivalente de Webster dice así: «en sentido figurado, enemistad extrema; rencor, odio; o más bien, grado excesivo de empecinamiento de pasiones y emociones; como la amargura de la ira». La amargura suele convertirse en complacencia, lo que resulta irónico, puesto que el individuo que se torna amargo se hace más daño a sí mismo que a ningún otro. Durante décadas, los profesionales de la medicina han advertido que la amargura en una vida conduce a perniciosos efectos colaterales. Un artículo de la clínica Mayo titulado «El perdón: Abandono de la amargura y el rencor» contiene una importante revelación acerca de la relación entre el gozo y la amargura:

> ¿Quién no ha resultado ofendido por los hechos o palabras de otro? Tal vez su padre le criticó constantemente cuando era niño,

un compañero le boicoteó un proyecto o su pareja tuvo una aventura. O quizá pasó por una experiencia traumática, o sufrió abusos físicos o emocionales por alguna persona a usted cercana. Estas heridas podrían haberle marcado con sentimientos de ira y amargura —e incluso de venganza.

Pero si no practica el perdón, usted puede ser el que más caro lo pague. Cuando uno abraza el perdón, también puede abrazar la paz, la esperanza, la gratitud y el gozo. Considere que el perdón le puede conducir por el camino del bienestar físico, emocional y espiritual.[5]

Cuando Gary era niño (conocio a una mujer —Amanda Friesen— que padecía una artritis severa que la dejó profundamente paralizada, con sus articulaciones y ligamentos completamente rígidos. Solo podía mover los brazos desde los codos para abajo, los ojos y la boca. Conduciendo una camioneta modificada para acoger su cuerpo paralizado, su marido la trajo consigo para hacerle una visita. Se le quedó grabado en la memoria para siempre el extraño espectáculo de cómo él la transportaba —rígida como una tabla, desde el vehículo a su salón de estar—. Su papá cerró la tapa del piano de consola, y el señor Friesen la tendió sobre él, junto a la mesa del comedor. Se ayudaba de un espejo para mirarlos y unirse a la conversación mientras comían. Si alguien tenía derecho a estar amargada era Amanda Friesen. Pero ella siempre rebosaba profundo gozo. Cualquiera que pasase tiempo con ella siempre se iba animado. Según Proverbios, eso es verdadero gozo.

Reflexione

A menudo tenemos que hacer frente a acontecimientos o circunstancias indeseados.

Mencione cinco acontecimientos o circunstancias difíciles que ha tenido que afrontar en los últimos meses.

¿Cómo ha respondido a esas situaciones —con gozo o con amargura?

---

5 Personal de la clínica Mayo: "Forgiveness: Letting Go of Grudges and Bitterness," 4 de noviembre, 2017, http://www.mayoclinic.org/healthy-lifestyle/adult-health/in-depth/forgiveness/art-20047692.

JUSTICIA

Hubo un tiempo en Occidente en que la virtud (bondad moral) era valorada por sí misma. Tristemente, esa virtud se ha desvanecido. Actualmente se practica no tanto la virtud como la «señalización de la virtud», la exhibición visible de una postura políticamente correcta para tranquilizar al grupo de moda de nuestra buena fe. Es más importante ser visto como si uno fuera virtuoso que realmente serlo. (Lo cual suscita una cuestión acerca de la virtud de la humildad.)

Aunque la expresión señalización de la virtud es nueva, el concepto no lo es. Considere estas palabras de Jesús: «Guardaos de hacer vuestra justicia delante de los hombres, para ser vistos de ellos; de otra manera no tendréis recompensa de vuestro Padre que está en los cielos... Y cuando ores, no seas como los hipócritas; porque ellos aman el orar en pie en las sinagogas y en las esquinas de las calles, para ser vistos de los hombres; de cierto os digo que ya tienen su recompensa» (Mat. 6:1, 5).

Lea

Lea Proverbios 2:5-21; 13:5.

¿Cuál es la naturaleza de la justicia?

¿Cuál es la naturaleza de la maldad?

¿Cuáles son los frutos de la justicia?

¿Cuáles son los frutos de la maldad?

Los autores del libro de Proverbios usaron para designar la justicia una palabra hebrea que significa «justo, recto, íntegro, p. ej., concerniente a una persona en conformidad con un criterio adecuado; inocente, irreprensible, p. ej., respecto a no tener pecado o mostrar mala conducta conforme a una norma justa».

El Webster 1828 da la siguiente definición: «Pureza de corazón y rectitud de vida; conformidad de corazón y vida con la ley divina. Justicia... es casi equivalente a santidad, abarca principios santos y afectos del corazón, y conformidad de vida con la ley divina. Incluye todo lo que llamamos justicia, honestidad y virtud, con afectos santos; en suma, la religión verdadera».

En algunos círculos, «justo» tiene una connotación negativa. Si uno tiene el coraje de poner objeciones a una conducta poco ética o inmoral, podría recibir la réplica: «No seas tan justo». La palabra asociada, pío, ha sufrido una suerte similar. Casi nunca se usa en el sentido original que aparece en el Webster 1828: «Piadoso; reverencia y honor al Ser Supremo, de corazón, practicando las obligaciones que uno ha contraído; tener la debida veneración y afecto al carácter de Dios, y obedecer habitualmente sus mandamientos; religioso; devoto al servicio de Dios; aplicado a personas». Actualmente, ser pío es andar arrogantemente con la nariz en alto. Los que se aferran a sus pecados detestan que les recuerden que el universo tiene normas morales y un Juez divino perfecto.

Proverbios desconoce esta visión de la justicia; el autor nos invita a practicar la verdadera justicia, conducta inspirada por Dios mismo. Se nos exhorta a esta virtud una y otra vez. De hecho, su presencia o ausencia en la propia vida es un indicador importante de éxito o fracaso.

De nuevo, obtenemos más entendimiento si consideramos la palabra opuesta: maldad. La palabra hebrea que se usa aquí (*rasha*) significa «injusto, p. ej., relativo a ser malo, con acento en la culpa de violar una norma; culpable, p. ej., concerniente a no ser legalmente inocente de la violación de una ley». En el inglés, según Webster, es «desviación de las normas de la ley divina; disposición o práctica maligna... Pero la maldad expresa también las disposiciones corruptas del corazón».

Por supuesto, esa es la condición de todo corazón no regenerado. Haremos bien en tratar de vivir la virtud y practicar la justicia. Y en última instancia, inclinarnos ante el Dios-hombre justo y perfecto, cuya justicia perfecta es gratuitamente imputada a todo el que se humilla ante su misericordia. De Él escribió el apóstol: «Mas por él estáis vosotros en Cristo Jesús, el cual nos ha sido hecho por Dios sabiduría, justificación, santificación y redención» (1 Cor. 1:30).

Reflexione
Vivimos en un tiempo de relativismo moral. ¿Qué genera esto en una sociedad?
¿Cómo influye en una nación una cultura de justicia?
¿Cómo ve usted que se expresan la justicia y la maldad en la vida de su país?

DOMINIO PROPIO / TEMPLANZA

Prepare

Lea Proverbios 12:16; 16:32; 20:3, 25; 22:24-25; 29:20-22.

¿Qué naturaleza tiene una persona con dominio propio? ¿Y la irascible?

¿Cuáles son los frutos del dominio propio? ¿Y de la ira?

El último término de la lista de siete virtudes es la templanza o dominio propio. La conducta virtuosa supone moderación de los propios deseos. Un país de ciudadanos que practican el dominio propio, que aprenden pronto la disciplina de la gratificación retrasada, que reconocen que actuar movidos por cada impulso inicial no es sano para la persona ni para la sociedad… esa nación es bendecida.

Reflexione

¿Qué significa tener dominio propio?

¿Qué se opone al dominio propio?

¿Qué sucede cuando los ciudadanos de una nación practican el dominio propio? ¿Y cuando son transgresores o anárquicos?

La palabra hebrea *arek aph* en Proverbios significa «paciente, formalmente, lento para la ira, p. ej., sufrido antes de enfadarse». La palabra paciencia, según Webster, significa «tener la calidad de soportar males sin murmurar ni quejarse; soportar aflicciones de cuerpo o mente con entereza, serenidad o sumisión cristiana a la voluntad divina; como persona paciente, o persona de temperamento paciente. Es seguida o precedida por el mal soportado; como paciente en el trabajo o en el dolor; en el calor o el frío… No se deja provocar fácilmente; tranquilo ante el sufrimiento que ocasionan las ofensas o injurias; no vengativo».

El término opuesto, *qatser aph*, en Proverbios, significa «irascible, acalorado, p. ej., referente a airarse con relativamente escasa provocación».[6] Webster lo identifica como «sentir resentimiento;

---

6 Swanson, Diccionario de idiomas bíblicos.

provocación... Mostrar ira; llevar marcadas las huellas de la ira; un semblante airado; palabras ásperas».

Para que una sociedad sea buena, justa y compasiva, su gente debe ser buena. Pero sabemos por experiencia y conducta personal que los seres humanos no somos buenos. Somos propensos al mal. El dominio propio es la virtud que domina el mal. Desgraciadamente, el dominio propio no es una virtud en muchas sociedades. (E incluso donde es considerado virtud, resulta básicamente imposible para un ser humano mantenerlo). En el mundo moderno, la virtud es la autoestima —el sentirse bien respecto a uno mismo—. Sentirse bien ha sustituido a ser bueno. El cambio causará un efecto dañino en nuestras sociedades.

Cuando nuestros hijos eran pequeños, Marilyn y yo les leíamos antes de acostarles y taparles. Uno de los libros que más disfrutamos fue *La pequeña ciudad en la pradera*, de Laura Ingalls Wilder. Esta sencilla historia infantil encierra una de las ilustraciones más profundas del concepto de autogobierno interno.

Recordamos del relato cuando Laura, Carrie (la hermana de Laura), y Pa (el papá de Laura) visitan la pequeña ciudad agrícola de De Smet, Dakota del Sur, para celebrar la fiesta del cuatro de julio. El punto culminante de la celebración se alcanza en una lectura pública de la Declaración de Independencia. Después de la lectura, se hizo un gran silencio. Y Laura descubrió lo que significa ser libre.

Entonces Pa comenzó a cantar. Y de pronto todos hicieron lo propio.

> Mi país, a ti,
> De libertad dulce país,
> Te canto a ti...
> Que perdure su resplandor
> Y santa luz, tu libre grey.
> Con tu poder protégenos,
> ¡Dios nuestro, excelso Rey!

La multitud se iba desperdigando, pero Laura permaneció quieta. De repente, se le ocurrió una idea. La Declaración [de Independencia] y la canción [Mi país, a ti] le vinieron a la memoria y pensó: Dios es el rey de Estados Unidos. Pensó: Los estadounidenses no obedecerán a ningún rey terrenal. Son libres. Esto significa que tienen que obedecer a su propia conciencia. Ningún rey se enseñorea de Papá; él tiene que enseñorearse de sí mismo. Porque (pensó), cuando yo sea un poco más mayor, papá y mamá dejarán de decirme lo que tengo que hacer, y no habrá nadie que tenga derecho a darme órdenes. Yo misma tendré que obligarme a ser buena.

Toda su mente pareció iluminarse con este pensamiento. Esto es lo que significa ser libre. Significa que uno tiene que ser bueno. «Padre, Dios nuestro, autor de la libertad...». Las leyes de la naturaleza y de la naturaleza divina te otorgan el derecho a la vida y la libertad. Por tanto, se han de guardar tus leyes, porque la ley de Dios es la única cosa que le da a uno el derecho de ser libre.[7]

¡Cuán hermoso y sencillo razonamiento de una niña pequeña! Dios es nuestro Rey. Tenemos que gobernarnos internamente a nosotros mismos por medio de sus leyes si es que vamos a hacer algún bien y ser libres.

Para que las sociedades florezcan, se deben enfocar en el carácter de sus ciudadanos. Las gentes que se gobiernan a sí mismas basándose en las leyes y principios de Dios son ciudadanos virtuosos. Los ciudadanos virtuosos forjan sociedades sanas y prósperas. Las sociedades que no se esfuerzan por desarrollar el carácter de su gente experimentarán decadencia. La quiebra en el carácter de los ciudadanos de una nación desembocará asimismo en bancarrota económica.

Reflexione

La sabiduría conduce a la virtud del dominio propio. Los insensatos son fanáticos, irascibles. ¿Cómo ha influido el mal carácter o la ira en su vida o relaciones?

Haga una de las siguientes cosas:

Escriba un párrafo o dos acerca de (1) la importancia de la justicia personal y pública para el florecimiento de los individuos, comunidades y naciones, o (2) cómo la práctica de las virtudes personales de mansedumbre, arrepentimiento, oración, esperanza, gozo, justicia y dominio propio contribuyen a la justicia pública de la nación.

Haga una reflexión creativa (escriba una carta, poema, canción, etc.) sobre lo que ha aprendido acerca de la justicia personal o pública.

---

7 Laura Ingalls Wilder, *Little Town on the Prairie* (New York: Harper & Row, 1970), 76-77. *La pequeña ciudad en la pradera* (Madrid, Noguer y Caralt, 2008).

DESARROLLO SOCIAL

Familias

Hemos insistido en la sabiduría como práctica del orden divino. La sabiduría es un estilo de vida. Gobierna los apetitos y ayuda a vivir conforme al designio que Dios incorporó en la creación. Así pues, la sabiduría no es una cualidad intelectual, sino moral. Esta es una de las razones por las que la palabra sabiduría ha desaparecido del vocabulario. Si se considera que Dios está ausente, la vida entera es gobernada por un planteamiento ateo, incluido el lenguaje. Todo es relativo; no hay esquema moral; cada uno hace lo que bien le parece a sus ojos. Tal ordenación no deja cabida para la sabiduría. En una sociedad en la que la moral es totalmente relativa y la virtud es ridiculizada o ignorada, ¿qué puede significar la «sabiduría»?

Figura 10

Pero la sabiduría beneficia a cualquier sociedad que reconoce la verdad y ordena la vida en consecuencia. El resto de este libro aplicará la sabiduría a tres esferas del florecimiento humano. Este capítulo y el siguiente tratarán del desarrollo social. En el capítulo 15 consideraremos el desarrollo político, incluida la planificación, el liderazgo y la justicia. Finalmente, nos ocuparemos del desarrollo económico —el fomento de la laboriosidad, el ahorro, la generosidad, la integridad y la conservación.

DESARROLLO SOCIAL

El desarrollo social en la vida humana presenta múltiples caras. Proverbios se ocupa de cuatro en particular. Bajo la rúbrica de la familia, presenta enseñanza acerca de las mujeres y esposas,[1] padres e hijos, y ancianos. El capítulo 14 tratará del cuarto contexto de desarrollo social en Proverbios: amigos y vecinos.

El feminismo moderno irrumpió en Occidente en la década de los sesenta. La exitosa canción «Soy una mujer», de Helen Reddy, captó la energía y el entusiasmo de una generación resuelta a eliminar las injusticias, tanto reales como percibidas, ligadas a los roles convencionales de la vida masculina y femenina. Mi libro *Opresión de la mujer, pobreza y desarrollo* aborda detenidamente las consecuencias.[2] Pero cualquier estudio de Proverbios no puede pasar por alto el lugar destacado que el autor concede a las mujeres y sus intereses.

Dios distinguió la humanidad en dos sexos; las mujeres y los hombres son idea de Dios. Él concibió la feminidad y la masculinidad y les creó varón y hembra. Somos creados varón y hembra a imagen de Dios, porque la noción y la realidad de la familia es idea de Dios. También lo es el sexo para la procreación de las familias. Dios encomendó al hombre y la mujer la tarea de llenar la tierra con

1 Una de las principales causas de la pobreza en el mundo es la mentira de que los hombres son superiores a las mujeres. Las mujeres y esposas son reducidas a objetos sexuales por las culturas de todo el mundo. Son despojadas de su dignidad. El libro de Proverbios da instrucciones específicas para remediarlo y restaurar la dignidad que Dios ha concedido a la mujer.
2 Darrow L. Miller (con Stan Guthrie) *Opresión de la mujer, pobreza y desarrollo: Vindicación de la dignidad de la mujer para construir naciones sanas* (Editorial JUCUM, Tyler, Texas, 2012).

portadores de la imagen de Dios. Génesis 1:28 dice: «Fructificad y multiplicaos; llenad la tierra». Génesis 1:16 y 1:28 podrían parafrasearse así: «Crear familias responsables que administren la creación, sean co-creadoras y diseñen una cultura que honre a Dios». Como nos recuerda el libro de Proverbios, la familia es la escuela para educar a los gobernadores del futuro. El padre y la madre son los principales maestros de sus hijos e hijas. El libro de Proverbios es un instrumento que prepara a los hijos para gobernar los dones de Dios: lenguaje, aritmética, madera, metales, pintura, notas musicales —todo ello para crear cultura e inventar nuevos mundos imaginarios.

MUJERES Y ESPOSAS

Proverbios presta mucha atención al poder de la mujer sobre la vida humana. La capacidad de la mujer para generar florecimiento y bendición en la sociedad, y su poder para producir daño: a ambos se les concede un espacio considerable en el libro de la sabiduría. Es obvio el poder que tiene la mujer para bien o para mal, en la sociedad y, en general, en el matrimonio.

Proverbios 31 echa un vistazo a la naturaleza de la mujer piadosa, así como a la extensa gama de sus habilidades. El capítulo describe la «mujer ideal», el listón de lo que una mujer puede conseguir. Las mujeres pueden sentirse abrumadas al leer esta descripción. Pero aquí está presente el pleno potencial femenino. Estos versículos pueden dividirse en dos amplias categorías: el carácter de la mujer piadosa y una imagen de las numerosas destrezas que ella puede perseguir y alcanzar.

Vivimos en unos tiempos históricos en los que la destreza de la gente cuenta más que su carácter. En efecto, el estilo de vida y la conducta de la gente en el mundo actual revelan que el carácter piadoso no se tiene en cuenta. Pero para que la gente florezca, el carácter debe ser más importante que las habilidades. Y la gente virtuosa creará una sociedad próspera. De modo que primeramente examinaremos la virtud de la mujer piadosa:

Note la amplia variedad de cualidades de carácter de la mujer piadosa:

- *Buena reputación.* Acarrea honor a su marido.

- *Sólida ética de trabajo.* Es industriosa y productiva. Redime la preciosa materia prima del tiempo.

- *Frugal.* Retrasa la gratificación, ahorra dinero para el futuro.

- *Paciente.* Persevera en las circunstancias difíciles y es tolerante con las personas que puedan no estén de acuerdo con ella.

- *Disciplinada en sus hábitos físicos.* Cuida de su cuerpo; es fuerte y vigorosa.

- *Previsora.* Está preparada para cualquier contingencia.

- *Compasiva.* Es consciente y cuida de las necesidades de otros.

- *Amante de la belleza.* Se cuida de la estética; su vida refleja la belleza de Dios.

- *De carácter firme.* Tiene convicciones profundas y vive con arreglo a ellas.

- *Mujer de dignidad.* Es respetuosa y digna de respeto.

- *Encara el futuro con coraje.* Afronta el futuro con calma y seguridad.

- *Sabiduría.* Se caracteriza por una conducta reflexiva que se adapta a la situación.

- *Teme al Señor.* Le importa más la opinión de Dios que la opinión de otros o las riquezas materiales.

He aquí un modelo de virtud. Como sucede con la sabiduría, aquí el carácter piadoso es más precioso que los rubíes. Su amplia variedad de destrezas tienen una importancia secundaria en relación con su carácter. Note que algunas de sus habilidades son naturales y algunas adquiridas. Esas destrezas le permiten comprometerse plenamente con el mandato cultural de Génesis 1, hacen de ella una compañera idónea para su marido como vice regente de la creación.

Es capaz de hacer las siguientes cosas:

- Elegir materias primas para sus manufacturas
- Gestionar la logística y el transporte
- Proveer comida para su familia y los miembros de su casa.
- Evaluar, comprar y vender propiedades inmobiliarias
- Invertir con vistas al futuro
- Lograr un beneficio con sus inversiones
- Confeccionar ropa y hacer costura
- Comerciar eficazmente
- Enseñar fielmente
- Administrar su casa

He aquí una mujer que es líder y ejerce influencia. Se ocupa de su familia, de los miembros de su casa, e incluso de los pobres y extranjeros. Hace bien a su marido y no le perjudica. Su reputación va delante de ella, se habla bien de ella. Esta mujer no es servil, ni un ser inferior, ni se inclina como esclava delante de los hombres. Es una persona digna, igual y complementaria al hombre. Este mundo no es un mundo de hombres. Es de Dios; fue creado para ser administrado y desarrollado por las mujeres y los hombres de la especie humana.

Cuando se pidió a un grupo de jóvenes que reflexionara sobre lo que dice Proverbios acerca de la mujer virtuosa, se les ocurrió las siguientes observaciones:[3]

- Es prudente, atenta, paciente y tranquila.
- Genera energía a su alrededor.
- Perdona; es amable y fácil de amar.
- Declara la verdad; sus palabras no son vanas.
- Es sensible, viste con modestia; airosa en palabra y movimiento.
- Se representa con una flor: podemos ver la belleza y el carácter de Dios en la mujer piadosa.

3 La siguiente lista fue adaptada de un debate en clase en Juventud Con Una Misión (JUCUM), en Junos, Puerto Rico, del 4 al 8 de noviembre, 2013.

- Es delicada, y no obstante, trabajadora esforzada.

- Procura lo bueno para todos.

- Es buena administradora.

- Un hombre debe honrar y apreciar a una mujer como ésta.

- Por otra parte, la mujer impía es seductora. Olvida su pacto con Dios, deambula por todas partes, vive y se viste sin modestia. En suma, siente que tiene el derecho de hacer lo que le venga en gana.

Proverbios habla también de la femineidad en el matrimonio. El libro trata ampliamente el tema de lo que aporta una esposa al matrimonio, para bien o para mal. El mismo grupo de jóvenes hizo las siguientes observaciones tomadas de Proverbios acerca de la esposa.

- Es trabajadora esforzada

- Mantiene un equilibrio: se ocupa de su familia, pero también de sí misma.

- El amor de Dios se refleja en ella; es un don de Dios al hombre.

- Ama a su familia y su marido.

- Una esposa piadosa es corona de su marido.

- Crea belleza en el hogar.

- El hombre debe honrarla, admirarla y cuidarla. Debe estar agradecido por ella.

- La mujer que no es una buena esposa no es virtuosa. Puede ser infiel y difícil convivir con ella. Una esposa gruñona, quejumbrosa y discutidora causa dolor a su marido.

Antes de seguir más adelante conviene hacer algunas distinciones. Tanto la lengua hebrea como la española distinguen dos modalidades de seres humanos a imagen de Dios. En español son «varón y hembra». En hebreo (Gén. 1:27), el ser humano genérico es adam. Adam aparece en dos modalidades distintas: (1) *zakar* —varón, hombre, es decir, el género de una especie que no es mujer, sin tener en cuenta la edad o situación en la vida ni de la mujer—; y *naqab* —mujer, hembra, es decir, la hembra biológica de una especie de la creación, contraparte del varón—. Note que tanto el hombre como la mujer han sido creados a imagen de Dios, y aunque biológica y trascendentemente distintos, él y ella son iguales en dignidad, valor e importancia.

En Génesis 2:23-24, se usan los términos afines *ish* e *ishsha* para «hombre» y «mujer». El hombre dice: «Se llamará "mujer" [*ishsha*] porque del hombre [*ish*] fue sacada». El español distingue entre mujer y esposa. No así el hebreo de Proverbios. La misma palabra, *ishshah*, se usa para ambos. Determinada por el contexto, la palabra significa «mujer, hembra, p. ej., la hembra biológica de una especie de la creación, contraparte del macho» o «esposa, p. ej., la mujer en una unión matrimonial».[4]

Lea

Lea Proverbios 2:16-19; 6:23-26; 9:13; 11:22; 14:1.

¿Qué virtudes practica la mujer virtuosa?

¿Qué vicios o pecados practica la mujer impía?

¿Cómo deben los hombres relacionarse con cada tipo de mujer?

Lea Proverbios 31:10-31; 7:19-20; 21:9.

¿Qué virtudes practica la esposa piadosa?

¿Qué vicios practica la esposa impía?

¿Cómo debe actuar virtuosamente el hombre hacia las mujeres y hacia su esposa?

Si usted es una mujer, ¿cómo puede reorganizar su vida para ser más piadosa, ora esté soltera, ora casada?

Si usted es un hombre, ¿cómo puede reorganizar su vida para tratar a las mujeres con más dignidad?

PADRES E HIJOS

Como hemos visto anteriormente (en el capítulo 4), el prólogo de Proverbios (1:6-7) menciona cuatro propósitos para este libro:

---

4 El lenguaje refleja el orden de la creación, es decir, Dios creó el varón (marido) y la hembra (esposa). Pero la terminología no debe ensombrecer la reflexión bíblica: Dios llama a algunas personas a la soltería, estado que es incluso preferible al matrimonio en cierto modo (véase 1 Cor. 7:32-35), y a otras al matrimonio. Únicamente la religión cristiana afirma esta verdad.

- Adquirir sabiduría e instrucción
- Entender palabras de sabiduría
- Recibir instrucción para observar una conducta prudente
- Dar prudencia a los simples

Luego hay un eje. La sabiduría estriba en el temor de Dios. ¿Cómo ocurre esto? Por la educación que imparten la madre y el padre en la familia:

> Oye, hijo mío, la instrucción de tu padre,
> y no desprecies la dirección de tu madre;
> porque adorno de gracia serán a tu cabeza,
> Y collares a tu cuello (Prov. 1:8-9).

Note en primer lugar, que el hogar es la cuna de la educación. La familia, no el Estado, es responsable de la educación de los hijos; la familia es la principal escuela de los hijos. Los padres son el ornato que adorna la cabeza y el cuello de sus hijos.

Dios llama a los padres a enseñar a sus hijos sus caminos. Instruye a los hijos a guardar las enseñanzas de sus padres. De este modo, cuando los hijos se conviertan en padres, podrán enseñar a sus propios hijos. La familia es la primera plataforma de la creación para diseminar la verdad y crear una cultura piadosa.

La Biblia enfatiza que ambos miembros de la ecuación actúan juntamente. El padre y la madre disfrutan enseñando a sus hijos e hijas;[5] los hijos y las hijas disfrutan de la compañía y las enseñanzas de sus padres. El niño es humilde, pronto para recibir la instrucción de sus padres. El entendimiento de los hijos aumenta a medida que aprenden de sus padres.

Tanto el padre como la madre son maestros de sus hijos (véase Prov. 1:8). En el capítulo 31:1, vemos que el futuro rey es enseñado por su madre. La madre es una fuente de conocimiento, entendimiento y sabiduría; si no lo fuera, no estaría en condiciones de instruir a su prole.

---

5 *Ben* es una palabra hebrea que se usa en Proverbios, a menudo traducida como «hijo». Su significado es más amplio que el de un hijo varón. Puede significar «niño, p. ej., el hijo directo de un padre, sea varón o hembra...nieto...descendiente». J. Swanson, *Diccionario de idiomas bíblicos: Hebreo* (Antiguo Testamento) (Oak Harbor, WA: Logos Research Systems, 1997).

Para bien o para mal, de manera consciente o no, los hijos son embajadores de sus familias en el mundo. Los hijos pueden acarrear gozo o vergüenza a sus padres. Los hijos humildes, piadosos, aman la ley instaurada por sus padres. Proverbios afirma una norma para la piedad: los padres piadosos crían hijos e hijas piadosos, lo que engendra familias piadosas.[6]

Puede que un padre no ejerza la sabiduría ordenada en Proverbios. Una madre puede usar el lenguaje de la ramera retratada en Proverbios. Tal vez no hayan aprendido a controlar su ira, o discipular a sus hijos adecuadamente. Tal vez el hijo sea necio y no quiera escuchar a sus padres. Muchos jóvenes adoptan la actitud: «No necesito el consejo de nadie». Todos hemos sido influidos por malas compañías. Estos son ejemplos de fracaso de la sabiduría correspondiente en el desarrollo de la vida familiar.

PRINCIPIOS PARA LA VIDA FAMILIAR

Proverbios nos da los siguientes principios para observar. Vivimos en tiempos pragmáticos. La gente suele querer «cinco pasos sencillos para ser buenos padres». Pero la Biblia ni siquiera insinúa tal enfoque. Cuando la verdad es reducida a pragmatismo, solo queda la técnica, el cómo. Dios se interesa en que los seres humanos entiendan el qué y el porqué. La concepción bíblica de la familia y la vida familiar responde al qué y el porqué.

Como vimos en el estudio de la Sabiduría, Dios creó el universo para que fuera santo y armonioso. Creó a los seres humanos para vivir en unidad y diversidad en la familia humana y las familias de comunidades. Lo mismo que el universo presenta gran armonía, ese fue también el propósito de la familia.

La autora y columnista Janie B. Cheaney escribió admirablemente acerca de la relación entre la armonía musical y la armonía familiar. Sus puntos de vista son impactantes porque lo que expresa nace de la gran armonía y perfección de la creación, como producto de la armonía total y perfección del Creador.

6 He aquí un importante recordatorio de algo que hemos notado por todo el texto. En su mayor parte, el material que contiene Proverbios no se compone de promesas. La literatura de sabiduría se compone más bien de observaciones generales. Por regla general, los padres sabios y piadosos criarán hijos piadosos. La excepción a este principio no afecta a la integridad de Proverbios, ya que estos son principios generales más que promesas.

He estado investigando varias formas de expresión creativa para un posible libro, y la rama de las artes que más me fascina es la que menos conozco: la música. Lo principal acerca de la música es la relación. La melodía no consiste en notas separadas, sino en los intervalos entre ellas. El antiguo filósofo Pitágoras (y posiblemente mítico) descubrió que la división de una lira de siete cuerdas por la mitad produce una octava, en tanto que tres cuartos de la cuerda suena una cuarta, y dos tercios, una quinta perfecta. Estas proporciones matemáticas producen una agradable progresión musical conocida en todo el mundo. Basada en este marco externo, la música occidental estableció principios de armonía y melodía que perduraron hasta principios del siglo XX. ¿Y qué sucedió entonces?

El compositor contemporáneo John Adams lo expresa de esta forma: «Me enseñaron en la universidad que la tonalidad murió más o menos por el mismo tiempo que murió el Dios de Nietzsche, y me lo creí». Sin Dios tampoco hay orden. La estructura musical se hundió, lo que despejó el camino para Arnold Schoenberg, quien compuso piezas basadas en principios abstractos de numerología. De ahí no hubo más que un paso o dos hasta John Cage, quien arrojaba dados para escoger las notas de sus composiciones y puso en escena «sinfonías» a partir de cacharros de cocina. No todos los compositores de vanguardia abandonaron la tonalidad, pero la música separada de su estructura determinante dejó de ser reconocible como tal.

Del mismo modo, lo que define la sociedad son las relaciones, no basadas en proporciones matemáticas, sino en la biología. Es un hecho innegable que, entre los seres humanos, un esperma masculino unido a un huevo femenino engendra un ser humano.[7]

Como describe Cheaney, un hombre y una mujer están destinados a formar una familia. El resultado de su amor es un niño que aumenta la familia. Esta es la armonía de la comunidad humana más elemental, inaugurada, como señala Cheaney, en su nivel incipiente por dos elementos, uno masculino y otro femenino. Pero el niño concebido en un encuentro esporádico o casual está privado de una familia armónica y se ve envuelto en una serie de relaciones disonantes. Cheaney prosigue:

7 Janie B. Cheaney, "Broken Music," World, 16 de noviembre, 2013, visitada el 26 de noviembre, 2017, https://world.wng.org/2013/11/broken_music.

Las consecuencias de estos encuentros al azar dan como resultado pequeños vagabundos con un convenio casi familiar con la otra parte, pero nunca forjan conexiones estrechas o fuertes, exceptuando quizá una relación conflictiva con mamá.

Como la música, la comunidad se basó una vez en acordes e intervalos estándar: la llamada familia nuclear de padre, madre y niño. Lo suficientemente flexible para muchas variaciones, fuerte como para mantener una melodía. Sin ella, el rumor de la comunidad se convierte en ruido.[8]

Proverbios ofrece a los padres principios para establecer un hogar estable en el que el padre, la madre y los niños pueden florecer. Vemos que los padres deben de hacer lo siguiente:

- Someterse los unos a los otros.[9] Necesitan ser receptivos a la corrección mutua. También deben mantenerse humildes liderando a sus hijos.
- Rodearse de gente piadosa para proveer lo mismo para sus hijos.
- Guiar a sus hijos por el camino recto.
- Ejercer autodisciplina y no temer disciplinar a sus hijos.
- Ayudar a sus hijos a cultivar destrezas para la vida.
- Tener control del hogar.

Los niños también participan en el desarrollo de un hogar piadoso. Los niños deben de hacer lo siguiente:

- Honrar a sus padres. Esto incluye oír su instrucción y recibir corrección.
- Escoger sus amigos sabiamente, rodearse de gente piadosa.
- Evitar avergonzar a sus padres, sino más bien, serles de bendición en todo lo que hacen.

He aquí un principio fundamental: ambos padres deben amar y reverenciar al Señor.

---

8 Cheaney, "Broken Music."

9 Note que Efe. 5:22; «Las casadas estén sujetas a sus propios maridos, como al Señor», va inmediatamente precedido del mandamiento conjunto: «Someteos unos a otros en el temor de Dios».

CARACTERÍSTICAS DEL HOGAR PIADOSO

¿Qué aspecto ofrece una familia piadosa? ¿Qué realidad distingue un hogar piadoso? Proverbios tiene mucho que decir para responder a estas cuestiones importantes.

Reflexione

Piense en su propia vida familiar:

A medida que usted fue creciendo, ¿qué cosas buenas hubo en la vida de su familia?

A medida que fue creciendo, ¿qué cosas fueron dolorosas en la vida de su familia?

¿Cuáles son algunos rasgos que caracterizan a una familia piadosa?

Un hogar piadoso se caracteriza por lo siguiente:

- Ama a Dios y se aman los unos a los otros

- Se respetan los unos a los otros. Los padres deben mostrar respeto para con sus hijos, y los hijos deben ser respetuosos para con sus padres.

- Vida disciplinada. Los padres deben cultivar la capacidad de recibir la disciplina de Dios. Son responsables de disciplinar a sus hijos, de quienes se espera que reciban lo mismo de sus padres.

- Diligencia de vida. Una familia piadosa no es perezosa o complaciente. Es ejemplo de trabajo esforzado y cultivo de lo que Dios les ha confiado.

- Los padres que transmiten su fe a sus hijos, mostrándoles el temor de Dios, proporcionan estructura y enseñan moral.

- Ambos padres están presentes de manera física, emocional y espiritual.

- Los padres afirman y guían a sus hijos. El criticismo constructivo y el estímulo son cruciales para reforzar la confianza de un niño.

Lea

Lea Proverbios 6:20-26; 22:6; 28:7; 10:1; 19:26-27; 20:7; 29:3; 30:17; 29:15.

¿Cuáles son los roles de los padres en la familia y la sociedad?

¿Qué virtudes practican los padres piadosos? ¿Qué pecados o vicios practican los padres impíos?

¿Qué virtudes practican los hijos piadosos? ¿Qué vicios practican los hijos impíos?

¿Qué es lo que más le ha impresionado o retado de este estudio?

Escriba cinco principios para guiar a los hijos a la vida piadosa y cinco principios para guiar a los padres a ser piadosos.

¿Qué podría haber hecho usted para ser un padre o un hijo más piadoso?

¿Qué puede enmendar usted ahora para con sus padres o sus hijos?

LOS MAYORES

Una tercera dimensión de la vida familiar que aborda Proverbios es la de los mayores. Proverbios nos llama a ser sabios en la opinión que nos merecen los ancianos y el trato que les damos.

Lea

Lea Proverbios 3:1-2; 10:27; 13:3; 20:29; 9:10-11; 16:31; 22:4-6.

¿Qué contribuye a vivir una larga vida? ¿Y una vida más corta?

¿Cómo puede el estilo de vida contribuir a una larga vida? ¿Y a una muerte temprana?

¿Qué hace actualmente que le ayude a vivir una larga vida y ser sabio?

¿Qué puede hacer para honrar las canas que aparezcan en su vida? Sea específico.

La cultura predominante entre los jóvenes actuales tiene una concepción de los mayores; la Biblia tiene otra distinta. Algunos de aquellos consideran a los viejos fastidiosos e irrelevantes. Los ancianos pasan a un segundo plano, rara vez son honrados y respetados. Los jóvenes suelen fallar en apreciar o escuchar a sus mayores. Desde el punto de vista bíblico, la larga vida es una recompensa por guardar la ley de Dios. Debemos respetar y honrar a nuestros mayores. Por regla general, la ancianidad va acompañada de sabiduría. La escuela de la vida ha enseñado muchas lecciones a los mayores. Los sabios escuchan a los de «pelo cano», maduran y se benefician de su sabiduría.

Por supuesto, la ancianidad no es equiparable a la sabiduría. El que neciamente descarta las lecciones de la vida nunca se hace sabio, sino que sigue viviendo en la inmadurez incluso en la ancianidad. Pero los que son sabios alcanzan honor y prosperidad. Sus años de experiencia les enseñan a apreciar la justicia.

Es necesario tender un puente entre las generaciones. Los mayores son una fuente abundante de sabiduría y de bendición para la generación más joven, si éstos se toman tiempo en cultivar relaciones con sus abuelos y otros ancianos.

Reflexione

¿Qué concepto tiene su cultura de los ancianos?

El mundo actual pone un gran énfasis en la cultura joven. ¿Qué influencia causa esto en cómo ve usted y se relaciona con la generación de los mayores?

¿Cómo describiría usted la condición de la familia en su país?

Haga una lista de cinco cosas que va hacer en su vida para fortalecer a su familia y las familias de su comunidad.

14

DESARROLLO SOCIAL

Amigos y vecinos

Génesis 11 registra una historia fascinante, la construcción de la torre de Babel.

> Tenía entonces toda la tierra una sola lengua y unas mismas palabras. Y aconteció que cuando salieron de oriente, hallaron una llanura en la tierra de Sinar, y se establecieron allí. Y se dijeron unos a otros: Vamos, hagamos ladrillo y cozámoslo con fuego. Y les sirvió el ladrillo en lugar de piedra, y el asfalto en lugar de mezcla. Y dijeron: Vamos, edifiquémonos una ciudad y una torre, cuya cúspide llegue al cielo; y hagámonos un nombre, por si fuéremos esparcidos sobre la faz de toda la tierra. Y descendió Jehová para ver la ciudad y la torre que edificaban los hijos de los hombres. Y dijo Jehová: He aquí el pueblo es uno, y todos estos tienen un solo lenguaje; y han comenzado la obra, y nada les hará desistir ahora de lo que han pensado hacer. Ahora, pues, descendamos, y confundamos allí su lengua, para que ninguno entienda el habla de su compañero. Así los esparció Jehová desde allí sobre la faz de toda la tierra, y dejaron de edificar la ciudad. Por esto fue llamado el nombre de ella Babel, porque allí confundió Jehová el lenguaje de toda la tierra, y desde allí los esparció sobre la faz de toda la tierra (Gén 11:1-9).

Dios quiso que la humanidad se extendiese por toda la tierra. Él lo había ordenado: «Llenen la tierra y sometanla» (Gén. 1:28, NVI). «Fructificad y multiplicaos» (Gén. 9:1). Él fundó el mundo y quiso que el hombre lo cultivase y lo desarrollase. Por ese motivo, confundió las lenguas en Babel y «dispersó» a la gente «sobre la faz de la tierra». Pero note que no imputó de nada a los constructores de Babel. De hecho, su sentido de comunidad y su necesidad de ayuda mutua formaba parte de su naturaleza como criaturas *imago Dei*.

Pocos capítulos antes, en Génesis, vemos otro ejemplo de la importancia de las relaciones. Dios castigó a Caín, el primer homicida: «Errante y extranjero serás en la tierra» (Gén. 4:12). El primer homicida se convirtió en el primer proscrito, desprovisto de la riqueza de las relaciones por medio de las cuales prosperan los seres humanos. Hasta el día de hoy, los códigos penales modernos siguen aplicando el confinamiento solitario como castigo apropiado.

En la Trinidad de un Dios en tres Personas, existía comunidad antes de la fundación del mundo. Él es Dios Uno y Plural. En el marco de la comunidad que Él mismo es, Dios nos creó a nosotros, portadores de su imagen, para la vida comunitaria. Nos creó para relacionarnos. Lo necesitamos. No podemos conocer plenamente quiénes somos sin comunidad, sin relacionarnos unos con otros. Aislados, languidecemos. Estamos más cerca de los deseos de Dios cuando estamos acompañados. Esto no solo es cierto para nuestra familia, amigos y vecinos; es cierto para los que no esperaríamos que fuese así. Cuando nuestra vida se cruza con la de los extranjeros y los pobres, nos asemejamos más a lo que Dios desea de nosotros. Todo aquel que entabla amistad con extraños, especialmente los pobres y desfavorecidos, se hace más humano.

Rabbi Daniel Lapin, en su libro *Thou Shalt Prosper*, afirma: «Manténgase en contacto con otros: será más feliz y vivirá más días».

Resulta interesante que en su revelación a la humanidad, en sus 10 discursos, en vez de pedirnos orar y hacer sacrificios, o incluso cuidar de los pobres, Dios se centra en un plan de establecimiento de relaciones. Conectando con muchos seres humanos y manteniendo esas relaciones, uno podrá aumentar su patrimonio, pero eso no es todo...

He aquí algunas evidencias. Según un estudio sin precedentes con 222 pacientes cardíacos llevado a cabo por Nancy Fraser-Smith del Instituto Cardíaco de Montreal, los pacientes que sufren ataques de corazón y están deprimidos son cuatro veces más proclives a morir en los seis meses siguientes que los que no lo están...

¿Y la primera causa de la depresión? El Dr. Gunnar Biork examinó a 223 pacientes cardíacos en la ciudad de Malmö, Suecia, y descubrió que el problema de salud más grave lo sufrían estos pacientes cuando salían del hospital. Señaló que un problema especial que presentaba la convalecencia era la falta de contacto con amigos, vecinos y familia. En esas condiciones, aparecían sentimientos de soledad y depresión. La salud y la compañía humana van de la mano, asegura el doctor James Lynch en su libro *The Broken Heart: The Medical Consequences of Loneliness.*[1]

Proverbios recalca la importancia de las relaciones, inclusive de las que se entablan fuera de la familia. En este capítulo consideraremos la importancia de las relaciones con amigos y «vecinos» y la aplicación de sabiduría a través de las virtudes sociales.

El libro de Proverbios proporciona una serie de dísticos, virtudes y vicios que pueden regir nuestras relaciones en la comunidad más amplia.

- Amor versus rencor
- Lealtad (fidelidad) versus deslealtad (infidelidad)
- Amabilidad frente a crueldad
- Paz frente a conflicto

A medida que vivimos virtuosamente nuestras relaciones —con miembros de la familia, amigos, vecinos o extraños— brotará una atmósfera de crecimiento y florecimiento en nuestra vida y en las suyas. Si nos relacionamos con otros sometidos al vicio opuesto, nos acompañarán la destrucción personal, la degeneración, el enfrentamiento y la guerra. Las relaciones sanas fluyen de una fuente de sabiduría. ¡Cuán importante es mantener contactos fuera de nuestra familia inmediata y ampliada! Las conexiones son importantes. Es importante desarrollar esas relaciones.

En su libro *Los cuatro amores*, C. S. Lewis aborda los cuatro amores revelados en el lenguaje del griego del Nuevo Testamento. El primero, ágape, es el amor incondicional. El segundo es eros,

---

1 Dr. James Lynch, The Broken Heart: The Medical Consequences of Loneliness (New York: Basic Books, 1977).

el amor romántico. Storge es el afecto familiar (hacia la familia). Finalmente, phileo, es el amor de la amistad. Su capítulo sobre phileo incluye una observación interesante. Lewis formó parte de un grupo íntimo de amigos que disfrutaba pasando tiempo juntos. Escribió:

> En cada uno de mis amigos hay algo que sólo otro amigo puede mostrar plenamente. Por mí mismo no soy lo bastante completo como para poner en actividad al hombre total, necesito otras luces, además de las mías, para mostrar todas sus facetas. Ahora que Carlos ha muerto, nunca volveré a ver la reacción de Ronaldo ante una broma típica de Carlos. Lejos de tener más de Ronaldo al tenerle solo «para mí» ahora que Carlos ha muerto, tengo menos de él. Por eso, la verdadera amistad es el menos celoso de los amores. Dos amigos se sienten felices cuando se les une un tercero, y tres cuando se les une un cuarto... porque en este amor «compartir no es quitar».[2]

Reflexione
Mencione los distintos círculos de relaciones en su vida aparte de su familia inmediata.

Consideremos grupos de personas más allá de la familia extendida con quienes podemos promover relaciones:

- Vecinos cercanos
- Vecinos lejanos (de otras naciones y culturas)
- Amigos en el centro educativo
- Amigos en el trabajo
- Amigos en la iglesia
- Otras redes sociales
- Extraños o extranjeros
- Los pobres
- Los enemigos

---

2 C. S. Lewis, *The Four Love*. (NewYork: Harcout Brace Jovanovich, 1960), 92. *Los cuatro amores*, (New York, Harper Collins Publishers, 2006).

Algunos de los grupos resultarán familiares. Otros, puede que no. Recuperaremos algunas categorías más abajo, pero por ahora merece la pena notar un par de cosas que Jesús dijo a este respecto.

«Oísteis que fue dicho: Amarás a tu prójimo, y aborrecerás a tu enemigo. Pero yo os digo: Amad a vuestros enemigos... y orad por los que os ultrajan y os persiguen» (Mateo 5:43-44).

«Mas cuando hagas banquete, llama a los pobres, los mancos, los cojos y los ciegos» (Lucas 14:13).

Lea

Lea Proverbios3:27-29; 25:8-10, 16-18, 21-22; 28:27; 29:5.

¿Cómo debemos relacionarnos con las siguientes personas?

Con nuestros vecinos

Los extraños o extranjeros

Nuestros enemigos

Los pobres

Reflexione

Normalmente pensamos en la palabra vecino en su forma nominal. La forma adjetiva de la palabra sería limítrofe, vecinal, colindante, de buena vecindad o buen prójimo. ¿En qué manera es usted buen vecino?

¿Cómo quiere Dios que tratemos a los pobres? ¿Por qué?

¿Por qué quiere Dios que amemos a nuestros enemigos?

¿En qué consiste amar a nuestros enemigos?

Y ahora examinemos la virtud del amor y el pecado del rencor en las relaciones humanas.

AMOR VERSUS RENCOR

Reflexione

En sus propias palabras, ¿qué significa amar? ¿Y odiar?

Ponga un ejemplo de su propia experiencia de alguien que amó a una persona indigna de ser amada.

Ponga un ejemplo por experiencia propia de odio en el mundo.

Las relaciones son como el fuego. Pueden acarrear bendición o causar destrucción. Todos necesitamos a otras personas en la vida, pero la trayectoria de una relación depende en parte de la postura que tomemos unos con otros. Por ejemplo, si amamos a otros podemos hallarnos en la senda del tipo de vinculación que desarrolla relaciones estrechas. Pero un amor insincero o un afecto tibio no puede dar mucho fruto en una amistad.

El lenguaje original de Proverbios contiene una palabra clave para el amor, y también para el odio. La palabra hebrea para designar el amor, *ahabah*, significa «estado o condición de intenso afecto hacia otra persona basada en la relación. Note: esta relación puede ser familiar, amistosa, propiamente romántica, o basada en un pacto». Una cosa que cabe destacar aquí es el lazo que hay entre el afecto, o el amor, y la relación. Cuando la Biblia nos exhorta a amar al prójimo, ello entraña una relación con él.

Lea
Lea Proverbios 10:12; 15:17; 17-9, 17; 26:24-26.
¿Cuáles son las características del amor? ¿Y del odio?

Reflexione
¿Ha odiado usted a personas a quienes tiene más bien que perdonar o amar?
¿Cómo puede usted amar mejor a los que no son dignos de ser amados?

Todos sabemos lo que es ser amados y odiados por alguien. También sabemos lo que es amar y aborrecer a alguien. Como nos recuerda Proverbios 10:12: «El odio despierta rencillas; pero el amor cubrirá todas las faltas». De hecho, odiar a alguien es canceroso para el alma.

La vida de Louis Zamperini ilustra el triunfo del amor sobre el odio. Oí hablar de Zamperini en la notable biografía de Laura Hillenbrand *Inquebrantable: Una historia de supervivencia, resistencia y redención*, el mejor libro que he leído en la primera década de este siglo.

Zamperini fue un corredor olímpico que se alistó luego en las fuerzas aéreas de los Estados Unidos. Su bombardero se estrelló en el océano Pacífico, en la Segunda Guerra Mundial. Zamperini y su compañero sobrevivieron a la deriva durante cuarenta y siete días en un bote salvavidas hasta que fueron rescatados por los japoneses. Entonces pasó dos años y medio en varios campos de prisioneros de guerra. En dos de ellos, el jefe de campo, Mutsuhiro Watanabe, apodado «el pájaro de los prisioneros de guerra», trató de quebrantar a Zamperini con palizas, torturas y toda clase de privaciones. Al finalizar la guerra, Watanabe fue declarado criminal de guerra por causa de los abusos cometidos contra los prisioneros.

El corazón de Zamperini se llenó de odio contra este hombre que abusó tan brutalmente de él. Le odiaba tanto que quería matarle, aunque ello significara morir en el intento. Esta parte de la vida de Zamperini es la historia de supervivencia de la fuerza de voluntad.

En la segunda parte de su vida, Louis Zamperini halló perdón gracias al amor de Cristo y la redención por su sangre. Dios cambió su corazón canceroso de odio por un corazón amoroso. Zamperini descubrió el llamado de su vida en extender perdón al pueblo japonés, especialmente a los dirigentes de campos de concentración, lugares de crueldad que mataron, mutilaron y quebrantaron a muchos prisioneros aliados. Después de su redención, Louis viajó por todo el mundo predicando el amor y su manifestación en el perdón. Zamperini perdonó públicamente a Watanabe y procuró entrevistarse con él para extenderle su mano clemente. Watanabe, imbuido de odio, rehusó admitir su culpa. En su opinión, había tratado a los prisioneros de los campos adecuadamente, como correspondía a los enemigos. Rehusó entrevistarse con Zamperini y recibir su oferta de perdón. Estos dos hombres representan el cumplimiento del proverbio: «El odio despierta rencillas; pero el amor cubrirá todas las faltas».

Examinemos ahora la virtud de la lealtad y el vicio de la infidelidad en las relaciones humanas.

LEALTAD (FIDELIDAD) VERSUS DESLEALTAD (INFIDELIDAD)

Reflexione

En sus propias palabras, ¿qué significa ser leal?

En sus propias palabras, ¿qué significa ser desleal?

Ponga un ejemplo de su propia experiencia de alguien que fue leal a un amigo en una situación difícil.

La palabra hebrea *emeth*, traducida por fidelidad, significa «lealtad, fiabilidad, credibilidad, p. ej., estado o condición de ser dependiente y leal a una persona o norma; fiel, digno de confianza». Esto corresponde al carácter de Dios. Él es la fuente de la fidelidad, sumamente digno de confianza. Y nos llama en última instancia a emular su propio carácter.

El diccionario que hemos usado arroja nueva luz sobre el término fidelidad: «Firme adhesión a la verdad y a las obligaciones de la religión; firme adhesión al deber; verdadera fidelidad, leal; verdadera lealtad; como un súbdito fiel; constante en la realización de deberes o servicios; como un siervo fiel. Cumplidor de contratos, tratados, fiel a una palabra». Note de nuevo, cuán tristemente se ha erosionado el lenguaje: este temprano lexicógrafo del idioma estadounidense hace múltiples referencias a la religión cristiana.

También se obtiene alguna luz al respecto considerando los antónimos, infidelidad, o la forma adjetivada, infiel. El hebreo, *bagad*, usado en Proverbios, significa «ser infiel, desleal, quebranto de fe, p. ej., poco fiable o fidedigno para con una persona o norma; cometer adulterio, ser infiel, p. ej., practicar sexo con alguien que no es cónyuge; infidelidad espiritual a otros dioses; traicionar, actuar deslealmente, p. ej., ser infiel a un principio, persona o grupo».

Webster define la palabra diciendo: «Incumplidor de promesas, votos, lealtad o deber; violar la confianza; traicionero; pérfido; como un súbdito infiel; un marido o esposa infiel; un sirvo infiel».

Mi amigo uruguayo José Gonzalez, fundador y presidente de Semilla Inc., ha dedicado toda una vida a estudiar la cultura política de Sudamérica. Él ha observado que la diferencia entre el experimento estadounidense y el sudamericano se puede resumir en una palabra:

pacto. González sostiene que la cultura política de los Estados Unidos se formó por la noción de pacto, que pasó del Antiguo al Nuevo Testamento, a través de la Reforma en Europa, a los puritanos que llegaron a las orillas de lo que serían los EE.UU. Los colonos (hombres y mujeres) que llegaron desde el sur de Europa carecían del concepto bíblico de pacto. Este déficit de antecedentes de pacto provocó una influencia negativa en el concepto de familia y condujo a la infidelidad en los votos matrimoniales. También se hizo patente en la empresa: escasez del sentido de la responsabilidad para respetar los contratos empresariales y tomarse en serio las promesas en la gobernanza.[3]

En su libro, el Dr. González explora por qué la noción de pacto es tan importante para el florecimiento de las sociedades. «El pacto bíblico es una promesa solemne hecha por un Dios personal por la cual Él establece una relación personal, individual, con cada uno de nosotros mediante un juramento. Dios se jura a sí mismo, como fiel supremo, comprometerse con nosotros, quien al mismo tiempo, nos comprometemos con Él. Esta es la esencia misma del amor, el don irrevocable de sí con una promesa, de su bendición inefable, salvación eterna y bendición de pacto a su tiempo».[4] El concepto de pacto crea una relación de lealtad en las relaciones humanas, el cumplimiento de promesas en la cultura económica y política. Hubo un tiempo en Occidente en el que dos personas se podían mirar a los ojos, hacer una promesa, y estrecharse las manos, confiadas en que el compromiso adquirido se cumpliría. Piense en los montones de documentos legales y el número exorbitante de abogados que hacen falta para mantener la sociedad moderna funcionando debido a la falta de confianza en las relaciones personales, empresariales y civiles.

Lea
Lea Proverbios 3:3-4; 11:13; 13:17; 20:6; 25:13, 19.
¿Qué rasgos caracterizan a una persona leal y confiable?
¿Qué rasgos caracterizan a una persona infiel y desleal?

---

3 Estos temas son desentrañados en el libro del Dr. J. L. González (2014), *Machismo y matriarcado: Raíces tóxicas de nuestra cultura y su antídoto* (Editorial Semillas del Reino para América Latina, disponible en www.semilla.org.),(Chesapeake, VA: Semilla).
4 González, *Machismo y matriarcado*, 14.

> *Reflexione*
> Cuán fiable es usted en relación a:
> Sus amigos
> Mantener las promesas o compromisos
> Transparencia en las transacciones comerciales o en centro de estudios
> Identifique un aspecto en el que puede actuar para ser más confiable. ¿Qué va a hacer?

Examinemos ahora la virtud de la amabilidad y el vicio de la crueldad en las relaciones humanas.

BONDAD VERSUS CRUELDAD

> *Reflexione*
> En sus propias palabras, ¿qué significa ser amable?
> En sus propias palabras, ¿qué significa ser cruel?
> Ponga un ejemplo de su propia experiencia de alguien que es normalmente amable.

La palabra bondad en la Biblia procede de *hesed*, término hebreo bien conocido. Esta palabra especial significa «amor leal, bondad constante, devoción, p. ej., amor o afecto firme basado en una relación prioritaria». Se traduce por bondad amorosa, misericordia, lealtad y justicia. Como se ve, la palabra encierra un amplio espectro semántico que incluye una visión integral de la actitud hacia los demás. ¡Qué vocablo tan profundo escogió Dios para describir esta virtud![5]

Escribiendo milenios después, en el contexto de una nueva república construida sobre principios bíblicos, Webster definió la bondad como «buena voluntad; benevolencia; templanza o disposición que se deleita en contribuir a la felicidad de otros, ejercida alegremente para gratificar sus deseos, cubrir sus necesidades o aliviar sus angustias». La persona piadosa toma la iniciativa y busca

5 Para más detalle acerca de este punto, consúltese el Apéndice A de *Reformulación de la justicia social: Redención de la compasión bíblica* (Editorial JUCUM, Tyler, Texas, 2014).

oportunidades para mostrar bondad. Considere el ejemplo del rey David, quien preguntó: «¿Ha quedado alguno de la casa de Saúl, a quien haga yo misericordia por amor de Jonatán?» (2 Sam. 9:1). La bondad se deleita en ayudar donde hace falta ayuda.

Un antónimo de bondad es crueldad. La forma adjetiva hebrea de Proverbios, *akzari*, significa «cruel, inmisericorde, p. ej., relativo a conducta despiadada hacia otro». En el diccionario Webster 1828 aparece esta definición: «Dispuesto a causar dolor a otros, en cuerpo o mente; disposición a hacer sufrir o agrado en atormentar, vejar o afligir; inhumano; desprovisto de piedad, compasión o bondad; fiero, feroz; salvaje; bárbaro; insensible, duro de corazón». Tal descripción se aplica al gran enemigo de Dios; todos los que practican la crueldad imitan al mismo diablo.

Lea

Lea Proverbios 11:16-17; 12:25; 14:22; 19-22, 20:28; 31:26.
¿Cuáles son las características de la bondad? ¿Y de la crueldad?

Reflexione

¿Cómo puede hacer usted un acto de bondad en los próximos días por las siguientes personas?

- Un amigo
- Un extraño
- Alguien con quien tiene una relación tensa

Todos recordamos casos de crueldad y bondad que hemos recibido de o extendido a otros. También conocemos casos de crueldad y bondad de proporciones épicas. Hitler, Stalin y Mao son ejemplos de los primeros; William Wilberforce, y la madre Teresa, de los últimos.

Una de tales historias es la vida de John Merrick, exhibida en la película de 1980 *El hombre elefante*. Merrick nació con un raro trastorno conocido como síndrome de Proteo que le dejó horriblemente deformado. La reacción de la sociedad a su apariencia fue el epítome de la crueldad y el acoso. Merrick fue esclavizado por su despiadado «amo», míster Bytes. Bytes exhibió a John

públicamente en un espectáculo de anomalías en la Londres victo-
riana. John fue tratado cruelmente por la sociedad como un animal
mudo y horrendo.

El Dr. Frederick Treves, cirujano de un hospital londinense,
se mostró amable para con Merrick, le ofreció un hogar, una habitación en el hospital donde trabajaba. En respuesta al regalo de
misericordia y bondad, Merrick reveló al doctor Treves que no era
mudo. Y además de poder hablar, era bastante inteligente. Había
memorizado porciones de la Biblia y estaba dotado para las artes.

La crueldad destruye la vida de las personas y las comunidades.
La bondad puede producir sanidad y florecimiento humano incluso
en la gente y las comunidades más problemáticas. La crueldad del
señor Bytes para con John Merrick privó al mundo de conocer a un
hombre verdaderamente notable. El acto de amabilidad del doctor
Treves cambió profundamente la vida de Merrick y las de los que
le conocían. A pesar de su estridente apariencia externa, era un humano *imago Dei*.

Examinemos ahora la virtud de vivir pacíficamente y el vicio de
causar conflicto en las relaciones humanas.

PAZ FRENTE A CONTIENDA

Nuestra última serie de palabras en este capítulo cubren la idea
de contribuir a la paz social en vez de causar contiendas. El término que aparece en la Biblia, *shalom*, es una de las palabras hebreas
mejor conocidas entre los que no hablan hebreo. Significa «paz,
prosperidad, p. ej., un estado íntegro de circunstancia favorables;
plenitud, p. ej., el estado de totalidad de una colección; seguridad,
salvación, p. ej., estado de ser libre del peligro; salud, p. ej., estado
de ausencia de enfermedad e integridad o bienestar; satisfacción,
contentamiento, p. ej., el estado de tener las necesidades básicas u
otras cubiertas y sentir contentamiento». Note de nuevo, de manera similar a *hesed*, la naturaleza íntegra de esta palabra, y su impacto
en una comunidad o nación

La palabra paz, según Webster, significa «en sentido general,
un estado de tranquilidad y quietud; sin perturbación o agitación;
aplicable a la sociedad, los individuos, o al temple mental».

La palabra hebrea antónima, *madon*, significa contienda, disensión, p. ej., una disputa verbal; causa u objeto de contención». He aquí una definición «más sencilla» de una palabra basada en el vicio, en la fealdad del pensamiento impío. Del mismo modo, Webster define la palabra conflicto de esta manera: «Discordia en ira o enemistad; discusión; combate, lucha por la victoria; guerra o disputa».

Lea
Lea Proverbios 12:20; 15:18; 16:28-29; 26:20-21; 28:25; 29:22.
¿Qué rasgos caracterizan a la persona pacífica?
¿Qué rasgos caracterizan a la persona que causa contención?

Reflexione
Examine su propia vida. ¿En qué áreas tiende a suscitar contienda (e incluso disfruta haciéndolo)?
¿De qué maneras prácticas puede ser usted un pacificador?

Reflexione
Hemos estudiado las virtudes que ayudan a fortalecer la comunidad y el tejido social y los vicios que contribuyen a crispar la sociedad.
Mencione dos o tres cosas que ha aprendido en esta sesión.
Cultive una reflexión creativa en respuesta a lo que ha aprendido acerca de la necesidad de desarrollo social. Podría ser una canción, poema, monólogo, una representación en grupo, o una oración.

La expresión aramea «hijo de paz» hace referencia a una persona en una comunidad o nación que procura la paz. Es una persona de influencia, a menudo de buena reputación que proporciona un punto de entrada a otros para participar en la comunidad más amplia. Cuando Jesús envió a sus discípulos de dos en dos, les instruyó que identificaran el hombre de paz en la comunidad (Lucas 10:6) y se relacionaran con esa persona.

En medio del conflicto global con los islamistas radicales, ¿hay un hombre de paz? El mundo espera esa persona. En una parte del mundo enardecido por la violencia entre las comunidades musulmanas (p. ej., entre los chiitas y los suníes) y la violencia de los musulmanes contra los judíos, secularistas, hindúes, budistas, animistas y cristianos, ¿hay algún hombre de paz?

Recientemente, un hombre relevante en Egipto, corazón de la cultura islámica, ha pronunciado palabras de paz. Ese hombre es el presidente egipcio Abdel Fattah al-Sisi. El día de Año Nuevo de 2015, en la Universidad Al-Azhar de El Cairo, considerada centro rector de estudios islámicos en el mundo, Sisi habló con un grupo de eruditos religiosos para celebrar el cumpleaños del profeta Mahoma. Sus palabras fueron un llamamiento clamoroso a una reforma en el islam. Planteó la sorprendente pregunta ante una audiencia de eruditos islámicos y líderes religiosos:

¿Es posible que 1.600 millones de personas (de musulmanes en todo el mundo) deseen matar al resto de la población mundial —esto es, 7.000 millones de personas— para que ellos puedan vivir?... Imposible.

Ustedes los imames son responsables delante de Alá. El mundo entero —repito, el mundo entero— está esperando que den el siguiente paso porque esta umma [palabra que puede referirse a la nación egipcia o a todo el mundo musulmán] está siendo desgarrada, destruida, perdida —y perdida por sus propias manos.

El corpus de textos e ideas que hemos consagrado a lo largo de los años, hasta el punto de que es casi imposible apartarse de los tales, se opone al mundo entero. No se puede sentir si uno permanece atrapado en esta mentalidad. Es necesario salir y reflexionar en ello desde una perspectiva más ilustrada.

Tenemos que esforzarnos en pensar en lo que estamos afrontando... Es inconcebible que el pensamiento considerado más sagrado sea la causa de que todo el mundo islámico sea fuente de ansiedad, peligro, matanza, y destrucción para el resto del mundo. Imposible.[6]

6 Abraham Rabinovich, "Egyptian President Calls for 'Religious Revolution' in Islam," Washington Free Beacon, 4 de enero, 2015, http://freebeacon.com/national-security/egyptian-president-calls-for-religious-revolution-in-islam#sthash.DWgB0ely.dpuf.

El presidente Sisi llamó audazmente a la paz para cambiar la discordia en el corazón del mundo musulmán. Una semana después, la iglesia copta celebraba la Navidad oriental, y Sisi hizo una visita sorpresa a la catedral copta de San Marcos, sede de la Iglesia Ortodoxa Copta y del papa Tawadros II. Se presentó para saludar durante la misa de Nochebuena. Esto no tiene precedente en la historia moderna. Sisi, de religión musulmana, corrió el riesgo de sufrir un atentado islamista por extender una mano de paz. ¡Que sus actos y su toque de trompeta marquen un punto de inflexión en la relación del islam con el mundo!

La paz conduce al florecimiento humano y nacional. La contienda acarrea conflicto y guerra, destrucción de vidas humanas, y ruptura de comunidades y naciones.

Cada una de las virtudes que hemos estudiado —amor, fidelidad, bondad y paz— es una manifestación de la naturaleza misma de Dios. Estas virtudes se pueden estudiar por separado, pero no deben separarse. Al brotar del corazón de Dios, cada virtud ayuda a definir las otras. A medida que vivimos estas virtudes, somos testigos y estimulamos el florecimiento humano.

Los vicios o pecados correspondientes —odio, deslealtad, crueldad y contienda— nacen de corazones entenebrecidos. Infectan nuestra vida con un cáncer que corroe las relaciones humanas y las comunidades. Que Dios nos conceda corazones para vivir las virtudes en medio de las relaciones humanas.

15

DESARROLLO POLÍTICO

Hace algunos años asistí a una lección en la Universidad de Arizona State. El profesor ponente era astrónomo. Casi al final de su ponencia mencionó que una mayoría de alumnos que se habían matriculado en el curso pensaban que iban a estudiar astrología.

Ya sea que le resulte esta historia divertida o increíble, la confusión estudiantil refleja el cambio de una cosmovisión bíblica a una cosmovisión posmoderna. La astronomía y la astrología son muy distintas. Ambas se ocupan del estudio del firmamento, pero son más antónimos que sinónimos.

La astronomía es una disciplina científica. Demuestra que los planetas —el sol, la luna y las estrellas— nos ayudan a gobernar el mundo. La astrología es un sistema de magia animista que afirma que estamos gobernados por las estrellas. La astronomía afirma que los seres humanos somos moralmente libres y tenemos la capacidad de gobernar el mundo que Dios ha creado; de analizar, actuar creativamente y tomar decisiones morales, reales. La astrología nos hace sujetos del destino. Nuestra vida está dictada por las estrellas. No somos libres, sino autómatas, robots que siguen un camino predeterminado.

El cuarto día de la creación, Dios formó los cuerpos celestes para que fueran «lumbreras en la expansión de los cielos para separar el día de la noche; y sirvan de señales para las estaciones, para días y años» (Gén. 1:14). El sol, la luna y las estrellas nos permiten gobernar el espacio y el tiempo. Gobernamos el tiempo estableciendo calendarios marcados por la órbita de la tierra alrededor del sol (un año), la órbita de la luna alrededor de la tierra (un mes), y la revolución de la tierra sobre su eje (un día). Observamos el sol, la luna y las estrellas y nos orientamos en el espacio creando mapas del cielo y marcando las distancias físicas en el mundo.

El sexto día, Dios creó a los portadores de su imagen —varón y hembra— para gobernar la tierra: «Entonces dijo Dios: Hagamos al hombre a nuestra imagen, conforme a nuestra semejanza; y señoree en los peces del mar, en las aves de los cielos, en las bestias, en toda la tierra, y en todo animal que se arrastra sobre la tierra» (Gén. 1:26). Los seres humanos fueron creados para gobernar sobre la tierra, para regir conforme (y sometidos) a las leyes y ordenanzas de la creación. Estos «principios establecidos» están incorporados en el universo. Constituyen el marco de gobierno de la creación, como de nuestras propias vidas y la de la comunidad más amplia.

Fuimos creados para gobernar la vida entera, las nuestras y la sociedad civil en la que vivimos. La sabiduría guarda relación con toda la vida: empresa, familia, gobierno, cuidado de la salud, educación, crianza de los hijos, las artes, la ciencia, y así sucesivamente. La sabiduría provee de este modo para el enriquecimiento de cada persona, familia y comunidad.

Como vimos en Proverbios 3:13-15 y 8:10-11, la sabiduría es más importante que la plata y el oro, más preciosa que las piedras preciosas. Los seres humanos son responsables, bajo el reinado soberano de su Creador, del futuro de sus vidas, sus familias y sus comunidades, y de la edificación de sus naciones. La sabiduría es esencial para un gobierno que conduce al florecimiento.

Reflexione
¿Son todos los gobiernos iguales por lo que respecta al valor que aportan a una sociedad? ¿Por qué o por qué no?
¿Qué rasgos caracterizan a un buen gobierno?
¿Qué rasgos caracterizan a un mal gobierno?

Este capítulo considerará tres dimensiones de cómo imparte Proverbios información sobre el desarrollo político. En primer lugar, exploraremos la naturaleza del liderazgo. ¿Qué es el liderazgo según Proverbios? ¿Cómo se presenta el liderazgo virtuoso? ¿Qué aspecto ofrece el mal liderazgo?

En segundo lugar, reflexionaremos sobre la necesidad de la justicia. La administración de justicia es una de las responsabilidades de los líderes humanos. La historia de las naciones incluye corrupción desmesurada y también ejemplos de gobierno justo y compasivo. Buscaremos la sabiduría de Proverbios en torno a la justicia.

El tercer aspecto del desarrollo político que examinaremos es la importancia de la planificación. Las sociedades caracterizadas por la planificación esmerada han sido proporcionalmente bendecidas. Pero algunas naciones no han visto nunca los beneficios de la planificación, es decir, la cuidadosa configuración de las prioridades y actividades para mejorar la vida de todos. De modo que esto es también una parte importante de lo que enseña Proverbios.

LA NATURALEZA DEL LIDERAZGO

Reflexione
Identifique a algún conocido que sea un buen líder. ¿Qué le hace ser buen líder?
¿Cómo pueden los líderes fracasados llegar a ser buenos líderes?

Dios concedió intelecto a los seres humanos y nosotros somos responsables de cultivarlo y usarlo. Un intelecto desarrollado optimiza la actividad humana, inclusive el liderazgo. Dicho esto, el liderazgo y la inteligencia no son la misma cosa. Uno puede ser muy listo pero carecer de la sabiduría necesaria para ejercer el liderazgo.

Tampoco es el verdadero liderazgo cosa de herencia o de nacimiento. Una persona puede nacer en una familia noble, pero la nobleza y el liderazgo son activos diferentes.

Lea

Lea Proverbios 8:14-16; 20:26-28; 25:15; 28:15-16; 29:2, 4; 29:12; 31:1-5.

Mencione los rasgos que caracterizan a:

- Un líder piadoso
- Un líder impío

¿Dónde se manifiestan éstos hoy?

El liderazgo se basa en el carácter. Webster define el carácter como «una marca realizada por un corte o grabado». ¿En qué contribuye esta definición a la idea de liderazgo? En esto: la imagen divina ha sido estampada en cada persona. Hemos sido creados a imagen de Dios. Este reflejo de la naturaleza divina es inherente a todos los seres humanos. Debido a esto, nuestras vidas son importantes y tienen sentido. El liderazgo efectivo es producto de una vida piadosa. El liderazgo es más cosa de vivir una vida virtuosa que de ser simplemente inteligente. Oseas 2:19-20 revela la naturaleza de Dios y, por tanto, el carácter de los líderes piadosos: «Y te desposaré conmigo para siempre; te desposaré conmigo en justicia, juicio, benignidad y misericordia. Y te desposaré conmigo en fidelidad, y conocerás a Jehová».

En este texto vemos que un buen líder reúne rasgos de justicia, rectitud, amor, compasión y fidelidad. Cuando se comparan estas cualidades con buena parte de lo que se afirma del liderazgo en el mundo moderno, se constata una brecha. En gran medida, tenemos un déficit de liderazgo en el mundo moderno porque se educa para adquirir conocimiento, no para adquirir virtud. Se proporciona a los estudiantes —futuros líderes— información, pero no entendimiento ni sabiduría. En su libro *La abolición del hombre*, C. S. Lewis lo expone del siguiente modo: «Hacemos hombres sin pecho y esperamos de ellos virtud e iniciativa. Nos burlamos del honor y nos asombramos de hallar traidores en nuestras filas».[1] Las palabras de

---

1 C. S. Lewis, *The Abolition of Man* (New York: Touchstone, 1996), 37. *La abolición del hombre*, (New York, Haper Collins Español, 2016).

Lewis describen eficazmente la condición común de la educación y el liderazgo en Occidente y Europa en los primeros años del siglo XXI.

LIDERAZGO SERVICIAL

Consideremos dos aspectos del liderazgo enraizados en el carácter piadoso, como vemos en Proverbios, comenzando con el liderazgo servicial.

El gobierno ha sido ordenado por Dios (véase Rom. 13). A los ojos de Dios, los gobiernos existen para servir a los pueblos. Dada la naturaleza corrupta intrínseca de la autoridad, a menudo los gobiernos llegan a creer que los pueblos están para servirles. Proverbios 17:23 (NVI) declara: «El malvado acepta soborno en secreto, con lo que tuerce el curso de la justicia». Note el contraste que hay entre aceptar sobornos (corrupción egoísta de la autoridad) y respetar el curso de la justicia (ejercer la autoridad para servir al pueblo). Proverbios 15:27 adopta una visión similar: «Alborota su casa el codicioso; mas el que aborrece el soborno vivirá».

La idea de servicio público para definir el liderazgo político se usó por primera vez en 1570. El gabinete del primer ministro británico capta esta visión. «Ministro deriva del latín *ministrare*, «servir, asistir, esperar». Así pues, el primer ministro es el «primer siervo». A partir de 1620, el término se usó en el sentido de «primer siervo de la corona».[2]

Con demasiada frecuencia el servicio de gobierno se convierte en un peldaño importante hacia el poder y las riquezas. Esto es ir hacia atrás; el gobierno existe para servir al público, no para el beneficio personal de los gobernantes. Cuando los que están en cargos de gobierno se sirven a sí mismos, cuando usan su autoridad para acumular poder, dinero, e influencia, se corrompen entre sí y corrompen su cargo. Tristemente, muchos países y comunidades siguen siendo subdesarrollados porque fueron empobrecidos por el control dictatorial. Esta distorsión del verdadero liderazgo sirve a sus propios fines y aplasta la sana ambición del ciudadano. En vez de estimular la innovación natural de la gente, la autoridad dictatorial sofoca tal iniciativa. Los empresarios exitosos son despojados

---

2 Oxford Universal English Dictionary (Oxford: Oxford University Press, 1937), 7:1583.

del fruto de su labor a través de la corrupción, el robo y excesivos impuestos.[3] En cambio, el liderazgo servicial estimula la singularidad de los ciudadanos individuales y crea un escenario dinámico de libertad para probar nuevas ideas.

El liderazgo servicial estimula la libertad económica y política. Cuando los individuos son libres para florecer, las comunidades y naciones pueden prosperar.

LIDERAZGO DELEGADO

Un segundo aspecto del liderazgo piadoso es la delegación de autoridad. Pero antes que haya delegación, debe haber alguien con visión.

La versión de Proverbios 29:18 según la Reina Valera Contemporánea dice así: «Cuando no hay visión, el pueblo se desvía; ¡dichoso aquél que obedece la ley!». La palabra hebrea equivalente a visión, chazon, significa «prever, o percibir». La gente necesita visión o perspectiva de futuro para ver el orden divino y anticiparse a su reino venidero. Esto es especialmente cierto de los líderes. Un ingrediente del liderazgo es la capacidad de ver más adelante, de entender los tiempos. Sin esa visión la nación perecerá. Dicho de otra manera, el liderazgo visionario constituye una parte importante del florecimiento de una nación.

En Éxodo 18:13-27 se halla el principio del liderazgo delegado. Después que el pueblo hebreo salió de la esclavitud en Egipto, donde fueron esclavos durante 430 años, se comportaron con mentalidad de esclavos. Si bien Dios, por medio de Moisés, los liberó de ella. Pero la esclavitud persistió en sus corazones y tuvo que ser eliminada. Estaban acostumbrados al régimen dictatorial de Faraón. Pero Moisés tenía una mentalidad de siervo (vv. 13.14). Se esforzó día y noche en favor del pueblo y les ayudó a resolver sus problemas.

---

3 En su libro *El otro sendero* Hernando De Soto critica la economía no formal de su país, Perú. Él fundó el Instituto para la Libertad y la Democracia y envió miembros del personal para investigar qué se requería para montar una fábrica de tejidos con dos máquinas. Para abrir tal negocio legalmente, sin pagar sobornos, era necesario efectuar un desembolso (en costos y tasas) de 1.231 dólares (equivalentes a treinta y dos meses de salario mínimo). De Soto declaró acerca de esta experiencia: «Ahora sé por qué algunos países son pobres y otros ricos. Hay 169 países en el mundo, y solo un 25 por ciento de ellos "progresan" económicamente. Lograron hacerlo porque despojaron a los gobiernos del poder de privar a los ciudadanos más humildes del fruto de su industria y su creatividad».

La experiencia revela una progresión del principio de autoridad delegada.

1. Moisés estaba abrumado intentando servir al pueblo por sí mismo. Actualmente diríamos que estaba al borde de quemarse. Además, el pueblo también estaba cansado (vv. 15-18).

2. El suegro de Moisés se convirtió en «primer ministro» de Moisés y le ofreció consejo divino.

3. El liderazgo de Moisés asumió dos funciones principales. Por una parte, debía presentar las necesidades del pueblo delante de Dios (vv. 19). Sirvió al pueblo como sacerdote, representándolo ante Dios, Por otra parte, debía presentar las leyes y palabras de Dios ante el pueblo (vv. 20). Es decir, sirvió como profeta, representando a Dios ante el pueblo, para que el pueblo supiera cómo vivir y trabajar («mostrarles la manera de vivir y las obligaciones que debían cumplir»). El liderazgo piadoso, manifestado a través de una voz profética y sacerdotal, era esencial para el desarrollo de la nación.

Estos versículos describen la actuación de Dios para transformar un pueblo esclavo con una mentalidad esclava en un pueblo libre con una mentalidad libre. Él quería que su pueblo saliera de la pobreza y conociera la prosperidad. Pero para florecer necesitaban saber cómo vivir y cómo trabajar.

El propósito divino exigía que Moisés usara sus dones, lo que permitiría a otros usar los suyos. Moisés tuvo que delegar autoridad, no acumular poder para sí. Debía escoger individuos calificados de entre el pueblo (v. 21a). Las calificaciones se describen como varones de virtud, temerosos de Dios, varones de verdad, que aborrezcan la avaricia. Estos hombres debían recibir autoridad delegada (vv. 21b-22) para capacitarles para juzgar de una manera adecuada con arreglo a la gravedad de la situación. Únicamente los asuntos más graves debían ser llevados ante Moisés. Los líderes delegados llevarían una carga de responsabilidad y así reducirían la carga de Moisés. Los intereses del pueblo serían atendidos de una manera oportuna y eficiente.

Como indica el versículo 23, si Moisés hacía esto, sería capaz de gestionar sus responsabilidades de liderazgo sin hundirse bajo el peso de la carga. Y las disputas del pueblo serían juzgadas. Serían capaces de vivir en paz.

LA NATURALEZA DEL LIDERAZGO: UN RESUMEN

Proverbios nos indica que el liderazgo bíblico incluye integridad de palabra y pensamiento, servicio y prudente comprensión. Los líderes piadosos evitan la crueldad y cuidan de los marginados. Guardan su corazón de abusos de poder egoístas. Los dirigentes tienen mayor responsabilidad de vivir virtuosamente porque sus decisiones influyen en mucha gente (Prov. 31:1-5). No deben hablar descuidadamente, sino emplear sus palabras con cuidado, ya que su influencia se puede extender a lo largo y a lo ancho (Prov. 16:10). Los dirigentes han de ser accesibles. Esto requiere paciencia y amabilidad para servir porque la tendencia natural es a protegerse de la intrusión (p. ej., el rey Asuero, en Ester 4:11), pero un líder no puede ejercer libremente este privilegio; su pueblo depende del acceso que tiene a él. El rey David renunció al derecho de llorar la muerte de su hijo para mostrar aprecio al ejército que había sofocado la rebelión de Absalón (2 Sam. 18:24-19:8).

LA NECESIDAD DE JUSTICIA

Prepare
Describa con sus propias palabras el concepto de justicia.
Describa con sus propias palabras el concepto de corrupción.
¿Cómo afecta la corrupción o la injusticia a una ciudad? ¿Y a una nación?

Una segunda dimensión del desarrollo político es la necesidad de justicia. Hay una relación íntima entre hacer justicia y alcanzar la felicidad. Esto es claro en Proverbios 29:18b, «el que guarda la ley es bienaventurado».

El jurista británico Sir William Blackstone fue uno de los grandes expertos legales del siglo XVIII. En una notable y elocuente declaración distinguió el vínculo que hay entre la justicia y la felicidad:

«Porque Dios ha relacionado estrechamente, entretejido insepara-
blemente las leyes de eterna justicia con la felicidad de cada persona, que ésta no se puede conseguir sino observando la primera; y,
si la primera es puntualmente obedecida, no puede sino inducir la
última».[4]

En el mundo moderno tendemos a equiparar la felicidad con
el libertinaje, es decir, con el desenfreno o falta de restricción moral. Se estima que la vida licenciosa es la ruta suprema hacia la felicidad. Pero la sabiduría muestra que la felicidad se halla cuando se
va en pos de la justicia. Vivimos en un mundo ordenado por Dios.
Fuimos diseñados para vivir dentro de ese orden. Y a medida que
persigamos la justicia, hallaremos la felicidad. La vida licenciosa
acaba solo en la miseria. Considere, por ejemplo, el rey Salomón.
Irónicamente, el mismo individuo que escribió tantos proverbios
en la primera etapa de su vida se instaló en el vacío y la futilidad
después de gratificar todos sus apetitos. En nuestro tiempo, pensamos en famosos como Michael Jackson o Marilyn Monroe, individuos que lo tuvieron todo, y sin embargo, hallaron escaso sentido en la vida. El Wall Street Journal informó recientemente que
«un estudio cofinanciado por la Fundación Gates... retrata a los
multimillonarios como almas perdidas por los temores, preocu-
paciones y desavenencias familiares a causa del excesivo dinero».[5]
Piense en Kurt Cobain, la estrella de rock mundialmente famosa
del grupo Nirvana que se suicidó cuando tenía veintisiete años.
O piense en Robin Williams, el humorista número uno y uno de
los mejores actores de cine de todos los tiempos. Y una de las ac-
trices más hermosas y famosas, Marilyn Monroe, se quitó la vida.
Muchas personas que alcanzan la fama y la riqueza solo consiguen
vaciedad y hastío.

La conducta de una nación se refleja en la conciencia moral
colectiva de su pueblo. Proverbios 14:34 declara: «La justicia en-
grandece a la nación; mas el pecado es afrenta de las naciones».

---

4 William Blackstone, Commentaries, citado por Vierna M. Hall, comp. *The Christian
History of the Constitution of the United States of America: Christian Self-Government* (San
Francisco: Foundation For American Christian Education, 1966), 142.

5 Robert Frank, "Don't Envy the Super-Rich, They Are Miserable," Wall Street Journal, 9
de marzo, 2011, https://blogs.wsj.com/wealth/2011/03/09/dont-envy-the-super-rich-
they-are-miserable/.

Es decir, la grandeza de una nación estriba en su carácter moral. ¿Promueve justicia para todo el pueblo? Si es así, será exaltada en el escenario internacional. Pero un país en el que prevalecen la esclavitud y la injusticia será condenado a la pobreza y la servidumbre.

Reflexione

¿Son todos los gobiernos establecidos por la justicia (Prov. 16:12)?

Identifique un gobierno (o las características de un gobierno) que no es justo.

¿Debe un pueblo que vive en un país dominado por la tiranía obedecer o desobedecer al tirano? ¿Por qué o por qué no?

Consustancial al tema de la justicia es la norma por la que se dicta sentencia. Únicamente la norma externa que se halla en el carácter de Dios y se manifiesta en la ley moral proporciona el fundamento para la verdadera justicia. Las leyes de la creación de Dios establecen una norma objetiva. Los intentos por imponer una «justicia» basada en normas subjetivas, ya sea una moda cultural o el capricho de un tirano, no pueden tener éxito. Solamente los principios asentados en los propósitos del Creador definen un digno patrón por el que se pueden promulgar leyes y dictar sentencias.

La justicia se sitúa en el extremo opuesto del espectro frente a la corrupción. Del mismo modo que una cultura justa refleja el carácter de Dios, una cultura corrupta refleja el culto —la devoción— a las deidades paganas que pueden ser sobornadas. Las culturas que reverencian a ídolos, corrupciones del Dios verdadero, se corrompen ellas mismas. El salmista declaró respecto de los ídolos: «Semejantes a ellos son los que los hacen, y cualquiera que confía en ellos» (Salmos 115:4-8).

Pero la Escritura es clara: el Dios del universo es justo y gobierna en justicia. «Porque el SEÑOR tu Dios es Dios de dioses y Señor de señores; él es el gran Dios, poderoso y terrible, que no actúa con parcialidad ni acepta sobornos» (Deut. 10:17, NVI).

Lea

Lea Proverbios 12:17; 17:15; 19:28; 21:3, 15; 24:23-26; 28:4-9.
¿Qué revelan estos pasajes acerca del testimonio veraz y el falso?
¿Qué revelan acerca del justo y el corrupto?

Cuando se trata de justicia, el Dios viviente no se muestra parcial y llama a su pueblo a ser imparcial (Prov. 24:23; 28:21). La venda de la Dama justicia, tal como se retrata en la vida pública de muchos países representa la imparcialidad de Dios. Su juicio justo no está influido por la edad de una persona, ni por su riqueza, sexo, tamaño, color de piel, etcétera. Tampoco se le puede sobornar.

Del mismo modo, el magistrado terrenal debe juzgar justamente, no castigar al inocente por no poder pagar un soborno ni dar libertad al culpable en razón del mismo. Si no es bueno imponer una multa al inocente, a buen seguro no está bien azotar al funcionario honesto (Prov. 17:26).

Reflexione

¿Cómo influye en una nación una cultura de confianza?
¿Cómo influye en una nación una cultura de desconfianza?
¿En qué aspectos de su vida puede usted ser más transparente?

Un pueblo no debe ser juzgado por una norma subjetiva, interna, que se puede alterar en función del antojo de un magistrado.

LA IMPORTANCIA DE PLANIFICAR

Finalmente, consideremos otra dimensión del desarrollo político, la importancia de la planificación.

Reflexione

¿Qué es un plan?
¿Qué aspecto ofrece la planificación en su cultura?
¿Por qué es importante planificar?
¿Qué es lo contrario de planificar?
¿Por qué es importante para un individuo o gobierno planificar?

Muchas culturas carecen de estructura para planificar. Pueden estar atrapadas en una especie de mentalidad fatalista: «No podemos cambiar el futuro, de modo que ¿para qué planificar? Hay que tomar las cosas como vienen y abordarlas lo mejor que se pueda». Otras culturas no reconocen en absoluto la realidad futura. Para ellos, solo existe el pasado o el presente. No hay sentido de progreso. Solo existe este momento y el pasado al que volver. El presente es un continuo interminable en el que todos los días son iguales. En tales sociedades no hay noción de futuro.

El fatalismo ha encerrado a muchos seres humanos imago Dei en un ciclo de impotencia y desesperanza, dependencia y futilidad. Una mentalidad fatalista afirma: «Somos gobernados por las estrellas. Mi destino ya está escrito y no hay nada que pueda hacer para cambiarlo. Nacimos pobres y pobres moriremos. La vida es un círculo, una simple repetición». Esto se ve incluso en algunas películas populares que hablan del «gran ciclo de la vida». «Está escrito»[6] o «la historia es algo que a mí me sucede» son mantras del fatalismo.

Esto contrasta con la mentalidad judeocristiana sobre la que se fundó Occidente. Esta cosmovisión reconoce que la historia es real, y que se dirige hacia su meta. Un gran propósito divino está presente en la existencia humana. Todas las cosas fueron creadas intencionalmente. Hay un gran final hacia el cual se dirige la historia.

El propósito creativo de Dios incluye una verdad poderosa: que el ser humano es un agente moral libre, responsable de ayudar a conformar el futuro. Los seres humanos son libres. No somos víctimas de un cosmos hostil. No somos gobernados por las estrellas (mentira de la astrología); más bien, las estrellas nos han sido dadas para ayudarnos a gobernar nuestras vidas y ordenar nuestro mundo (la verdad de la astronomía). El futuro puede ser diferente; las cosas pueden ser mejores que hoy.

La Biblia refleja una realidad que incluye progreso hacia el cumplimiento de todas las cosas, la redención cósmica en la que todas las cosas serán renovadas. Esto incluye progreso en el ámbito

---

6 El lector perspicaz puede reconocer que Jesús emplea exactamente la misma expresión, «está escrito», para afirmar la autoridad de las Escrituras hebreas. Pero el uso que hace Jesús de la frase es distinto al del islam. Jesús hace referencia a un pasaje de Escritura. El islam usa la expresión para indicar algo que es inviolable en el Corán.

material, estético, en la esfera del conocimiento y el entendimiento. El clamor de un pueblo libre no es «la historia es algo que a mí me acontece», sino «es algo que yo hago». Pensando con una mentalidad bíblica podemos ver la mano de Dios actuar en el lugar que Él tiene para nosotros. Gracias a la mentalidad bíblica podemos planificar el futuro.

Vivimos en una realidad que nos permite cambiar, crecer, mejorar nuestra vida. No estamos encerrados en una jaula; somos libres. Podemos trasladarnos del punto A al punto B. Nuestras familias no tienen que seguir siendo pobres. Nuestras comunidades pueden progresar hasta alcanzar los buenos deseos de Dios. Podemos edificar naciones libres, no esclavas; compasivas, no crueles; prósperas, no pobres; justas, no corruptas.

Antes comentamos el don de los cuerpos celestes que nos permiten gobernar en el espacio y en el tiempo. Viajamos más allá de la atmósfera terrestre por el espacio, primeramente en sueños e imaginaciones, y después en un tiempo y espacio reales. Hemos enviado astronautas a la luna. Hemos desplegado vehículos espaciales para aterrizar sobre Marte y viajar más allá del sistema solar.

Entretanto, también aplicamos la capacidad divina de planificar en el planeta. Construimos puentes y carreteras que nos permiten desplazarnos de un lugar a otro. Concebimos tecnologías para explorar ríos y montañas, y aun la profundidad de los mares. También hemos sondeado el espacio cercano, la estructura del átomo y las partículas subatómicas. *El Proyecto del Genoma Humano* ha investigado el ADN y el código genético humano, y hecho posible nuevos avances en la medicina.

El designio divino de la creación ha permitido a los seres humanos administrar el tiempo. Hemos creado relojes y calendarios por los que marcamos los segundos, minutos, horas, días, semanas, meses, años, décadas, siglos y milenios. Dada su familiaridad, estos conceptos pueden parecer prosaicos, pero nos han permitido registrar la historia. Además del día y la noche podemos distinguir el pasado, el presente y el futuro. Es casi imposible imaginarse la vida humana sin estos conceptos y distinciones que son fundamentales para aprender, crecer y florecer.

En efecto, los seres humanos colaboran con el Dios soberano del universo para configurar la historia y crear el futuro. Al concluir este capítulo, consideremos tres aplicaciones que derivan de esta verdad.

Lea

Lea Proverbios 4:26; 14:15; 15:22; 16:3, 9; 21:5; 29-31; 22:3, 5.
¿Cuál es la naturaleza de la planificación?
¿Cómo interactúa la providencia de Dios con nuestra planificación?
Mencione otros puntos de vista sobre la planificación y lo contrario, la negligencia.

En primer lugar, aunque los seres humanos colaboramos con Dios para dar forma al futuro, no compartimos sus perfecciones. De hecho, somos seres caídos. De modo que al planificar, es importante escuchar múltiples opiniones. Por ejemplo, Proverbios 11:14, nos advierte: «Donde no hay dirección sabia, caerá el pueblo; mas en la multitud de consejeros hay seguridad». Y de nuevo en 15:22: «Los pensamientos son frustrados donde no hay consejo; mas en la multitud de consejeros se afirman». Dada la limitación de nuestra finitud y propensión al pecado, es sabio consultar con muchos consejeros a la hora de hacer planes: familia, amigos, mentores y líderes. Estos pueden darnos consejos piadosos y tenernos por responsables.

En segundo lugar, una buena planificación requiere tiempo y esfuerzo esmerado. Proverbios 21:5 declara: «Los pensamientos del diligente ciertamente tienden a la abundancia; mas todo el que se apresura alocadamente, de cierto va a la pobreza». La planificación exige autodisciplina, moderación, y gratificación retrasada. Las personas que se dejan gobernar por sus emociones toman decisiones erradas que conducen a la pobreza. Es necesario tomarse tiempo para planificar bien, para examinar posibles alternativas, y evaluar si nuestros planes alcanzarán sus objetivos o llevarán a consecuencias indeseadas. El antiguo adagio: «La prisa desperdicia» capta la verdad de la necesidad de planificar con precaución.

Esperar a ganar la lotería para hacerse rico solo conduce a la pobreza. Esperar a que alguien rico le dé dinero creará dependencia y pobreza de vida y espíritu.

La planificación y el esfuerzo son virtudes que conducen al florecimiento humano. «La ciencia del prudente está en entender su camino; mas la indiscreción de los necios es engaño» (Prov. 14:8).

Reflexione

Sitúese en la siguiente escala:

Planificador <--------------------------> Impulsivo

Para que una nación sea libre, sus ciudadanos tienen que gobernarse internamente. ¿Qué significa esto?

¿Qué se requiere para mantener el orden en una sociedad a medida que sus ciudadanos son cada vez más transgresores?

¿Cuáles son las cosas más importantes que ha aprendido acerca del desarrollo político?

Mencione lo que ha aprendido sobre principios de gobernanza.

Finalmente, hemos de meditar hacia dónde vamos y cómo vamos a llegar. Sin metas, deambulamos sin rumbo fijo por la vida. Si uno tiene un objetivo, puede hacer planes para llegar a la meta a partir de hoy. Nuestros planes mejor trazados conectan con los propósitos de Dios en la historia.

Proverbios 16:3 (NVI) asegura: «Pon en manos del Señor todas tus obras, y tus proyectos se cumplirán». Cada persona ha sido creada singularmente con un propósito. Dios concede a cada persona la oportunidad de conectar su vida con su gran propósito para la creación. Él desea conectar nuestra vida con la suya para conformar la historia. Cuando entendemos nuestro llamado, podemos ordenar nuestra vida y trabajar en esa dirección. Podemos buscar la formación, las destrezas y la certificación que nos permitan hacer lo que hemos sido llamados a hacer.

Si reconocemos y vivimos la sabia gobernanza de Dios en nuestros hogares, comunidades y naciones, floreceremos.

I 6

DESARROLLO ECONÓMICO

Prepare

Haga una lista de los principios o virtudes que ha descubierto en su lectura que contribuyen al desarrollo económico.

Haga una lista de los vicios que ha descubierto que contribuyen a la pobreza económica.

La cultura es un fenómeno universal. Convivir en una comunidad humana es experimentar cultura. Las culturas tienen diferencias legítimas. Por ejemplo, una cultura puede hacer hincapié en la familia nuclear, mientras que otra acentúa la familia extendida. Pero estas diferencias no deben encubrir una realidad importante: no todas las culturas ejercen una influencia positiva en la sociedad.

Por ejemplo, las culturas alcanzan distintos niveles de contribución positiva al desarrollo económico. He aquí algunos rasgos culturales que forjan economías robustas:

- Familias fuertes
- Compromiso con la comunidad más amplia
- Compasión hacia los demás seres humanos
- Interés por aplicar educativamente el conocimiento, el entendimiento y la sabiduría
- Liderazgo moral
- Conciencia de mal y disposición a combatirlo

- Justicia en la sociedad
- Generosidad
- Honestidad e integridad
- Libertad y responsabilidad

Quizá el rasgo cultural más importante para el desarrollo económico sea una sólida ética de trabajo.

FÍJESE EN LA HORMIGA

Proverbios 6:6-11 es uno de los pasajes clásicos sobre salud económica. El autor señala a la humilde hormiga como modelo de trabajo esforzado y responsabilidad personal.

> ¡Anda, perezoso, fíjate en la hormiga!
> ¡Fíjate en lo que hace, y adquiere sabiduría!
> No tiene quien la mande,
> ni quien la vigile ni gobierne;
> con todo, en el verano almacena provisiones
> y durante la cosecha recoge alimentos.
> Perezoso, ¿cuánto tiempo más seguirás acostado?
> ¿Cuándo despertarás de tu sueño?
> Un corto sueño, una breve siesta,
> un pequeño descanso, cruzado de brazos...
> ¡y te asaltará la pobreza como un bandido,
> y la escasez como un hombre armado!(NVI)

Lea
Lea y comente Proverbios 6:6-11.
Mencione las virtudes y los vicios relacionados con la salud económica.

En este último capítulo consideraremos el desarrollo económico —bienestar, riqueza, y pobreza en las comunidades humanas—. Comentaremos cuatro virtudes sobre la creación de riqueza: conservación, laboriosidad (diligencia), ahorro (austeridad) y generosidad.

El plan de Dios para la vida humana es la salud económica, no la pobreza. Dios concibió la creación para el florecimiento humano, un marco global que incorpora la dimensión económica. Eso no es afirmar la enseñanza popular sobre «salud y riqueza». En primer lugar, la Biblia no enseña que los seguidores de Cristo merezcan ser ricos y estar exentos de problemas. Dios permite a menudo el sufrimiento en la vida del creyente para desarrollar su carácter, por ejemplo. Por lo demás, con frecuencia el tema subyacente de la doctrina «salud y riqueza» es el consumo personal.

La Biblia habla normalmente de la riqueza como una bendición y de la pobreza como una maldición. La pobreza (que va más allá de las dificultades económicas) divide a las personas. Aliena y aísla a los seres humanos. Despoja a la gente de esperanza, y se burla de su dignidad como criaturas *imago Dei*. Los depauperados son dependientes. Carecen de lo que es normal en la sociedad.

Peter Greer, presidente y director ejecutivo de HOPE International, escribió un artículo en el Instituto para la Fe, el Trabajo y la Economía titulado «Cómo personas que sobreviven con menos de dos dólares por día me enseñaron a redefinir la pobreza».[1] HOPE International entrevistó a veinte personas que vivían mayoritariamente con menos de dos dólares por día, y les preguntó que definieran la pobreza.

Según esas personas, la pobreza es lo siguiente:

- Un corazón vacío

- Ignorar las propias capacidades y puntos fuertes

- No ser capaces de progresar

- Aislamiento

- Sin esperanza ni fe en sí mismas, sabiendo que no pueden cuidar de su familia

- Relaciones rotas

- No conocer a Dios

- Carecer de alimentos básicos

- No tener dinero

- Consecuencia de no compartir

- Carencia de buenos pensamientos

---

1 "How People Who Live on Less Than Two Dollars a Day Taught Me to Redefine Poverty," 31 de marzo, 2014, http://blog.tifwe.org/redefining-poverty/

Por otra parte, la riqueza construye comunidad. Proverbios 19:4 asegura que «la riqueza hace muchos amigos». La verdadera riqueza tiene que ver con la justicia. La riqueza abre muchas avenidas para bendecir a otros, y genera formas de discipular a las naciones.

NI POBREZA NI RIQUEZA

Desde la perspectiva bíblica, tanto la pobreza como la riqueza incluyen riesgos potenciales para la persona que desea abrazar la virtud. Considere un pasaje clásico sobre salud económica:

> Solo dos cosas te pido, Señor;
> no me las niegues antes de que muera:
> Aleja de mí la falsedad y la mentira;
> no me des pobreza ni riquezas,
> sino solo el pan de cada día.
> Porque teniendo mucho, podría desconocerte
> y decir: "¿Y quién es el Señor?"
> Y teniendo poco, podría llegar a robar
> y deshonrar así el nombre de mi Dios (Prov. 30:7-9, NVI).

Lea

Lea y comente Proverbios 30:7-9.

Haga una lista de las virtudes y los vicios relacionados con la salud económica.

La palabra hebrea *hon*, traducida por «riqueza», significa en su forma verbal «poseer bienes deseables en una sociedad, bastante, p. ej., lo que es suficiente». El Webster 1828 detalla más el término riqueza: «Prosperidad; felicidad eterna. Riquezas: abundante posesión de dinero, propiedades o tierras; la abundancia de bienes terrenales que exceden la condición de la mayor parte de la comunidad; afluencia; opulencia».

Del mismo modo, la noción hebrea de pobreza (*resh*) denota «indigencia, p. ej., estado o condición de carencia de lo necesario, menos de lo normal en la sociedad». Del Webster obtenemos «destitución patrimonial, indigencia; carencia de medios prácticos de subsistencia. La consecuencia de la pobreza es la dependencia».

Note que la definición de pobreza en lengua hebrea e inglesa es similar, pero la definición de riqueza es distinta.

Veamos cómo concibe Proverbios la riqueza y la pobreza.

Lea

Lea Proverbios 3:9-10, 13:16; 11:4, 24-28; 17:16; 22:1-2, 4; 23:4-5; 28:19-20.

¿Qué revelan estos pasajes acerca de la riqueza y la pobreza?

¿Qué restricciones hay a la acumulación de riqueza material?

¿Qué riqueza es mayor que la riqueza material?

¿De qué manera es una bendición la riqueza material? ¿Y un estorbo?

CONSERVACIÓN

Como mencionamos anteriormente, la creación de riqueza requiere cuatro virtudes. Comencemos por la conservación.

Vimos la alabanza que hace Proverbios de la hormiga, que «almacena provisiones durante el verano y recoge su alimento en la cosecha». He aquí un ejemplo que Dios ha puesto en la creación, de una criatura humilde que ejemplifica para los seres humanos la importancia del ahorro como preparación para una emergencia.

Un grupo de estudiantes hizo recientemente las siguientes observaciones respecto a la virtud de la conservación:

- Necesitamos ser buenos administradores de lo que tenemos.

- El sabio sabe cómo administrar sus bienes y conservarlos como un tesoro. El necio los consume y los gasta.

- Dios nos concedió el planeta tierra. No hemos sido buenos conservadores y actualmente sufrimos las consecuencias; el planeta nos ha venido advirtiendo y no le hemos hecho caso.

- Debido a que no conservamos, acabamos endeudados. Solo pensamos en el presente: «Si me gusta, lo compro».

Luego se presenta una emergencia y no tenemos dinero. Piense a largo plazo. Piense en sus nietos. Ahorre para dejarles herencia, no deudas.

• La iglesia predica un mensaje (el evangelio de la prosperidad) que conduce a la pobreza.

Lea

Lea Proverbios 12:10; 21:20; 27:23-27; 28:19.

¿Qué revelan estos pasajes acerca de cuidar de la creación?

¿Qué describe mejor sus hábitos: consumidor de la creación, conservador de la creación, o adorador de la creación (algunos dirían «ambientalista o ecologista»)?

LABORIOSO VERSUS PEREZOSO

Una segunda virtud necesaria para el bienestar es la laboriosidad o diligencia. Por norma general, la persona diligente o laboriosa prospera. Lo contrario también es cierto: la persona perezosa siempre estará en necesidad. El perezoso vivirá fracasado y en la penuria. «La pereza hace caer en profundo sueño, Y el alma negligente padecerá hambre» (Prov. 19:15).

En contra de la opinión de mucha gente, el trabajo no es un castigo. Es más bien un don de Dios a los seres humanos. Es una manera de adorar y glorificar a nuestro Creador. En efecto, la palabra hebrea *abodah* significa trabajar y adorar. En buena parte del mundo el trabajo y la adoración (entendida como culto a Dios) están escindidos: la adoración es una actividad espiritual y el trabajo se resigna a ser una actividad mundana. Pero en la mente integrada del pueblo hebreo este no es el caso. El trabajo es un acto de adoración. Trabajamos para el Señor. Este es un concepto radical para muchas sociedades actuales.

Una nación industriosa y su pueblo pueden ser libres y vivir sin depender de otros. Para bendecir a la nación tenemos que trabajar.

El trabajo es una virtud bíblica. Ello significa que para que una nación se beneficie de esta virtud, tendrá que ser predicada y enseñada en la iglesia. Los pastores tienen que enseñar fielmente sobre la virtud y el vicio y desafiar a la congregación a ser virtuosa.

La palabra hebrea *harus,* en el Antiguo Testamento equivale a laborioso, es un adjetivo que significa «diligente, p. ej., relativo a ser laborioso de forma continuada». Si se consulta la palabra laborioso en el diccionario de Noah Webster 1828 se encuentra: «Diligente en la empresa o el estudio; constante, regular o habitualmente ocupado en una empresa; asiduo, opuesto a la pereza y la ociosidad».

La pereza, en hebreo *remiyah,* significa «engaño, traición, p. ej., estado o condición de hacer que algo falso pase por verdadero (en palabra o acción) e induzca a error». Además de equivaler a «pereza», la palabra también se traduce por dejadez, flojedad, negligencia y traición». El Webster especifica: «Reacio a la acción o el esfuerzo; natural o habitualmente perezoso; lento; indolente; reacio al trabajo».

Lea

Lea Proverbios 12:11-12; 13:11; 15:19; 20:13; 21:25-26; 24:30-34; 28:19.

¿Qué características y recompensas corresponden a la laboriosidad?

¿Qué características y recompensas corresponden a la pereza?

Reflexione

Marque una X para identificar dónde se encuentra usted y una C para identificar dónde se encuentra su cultura en la siguiente escala:

Laborioso <------------------------> Perezoso

Fíjese en que la palabra hebrea para designar la «pereza» tiene su raíz en la noción de engaño y traición; en hacer que algo falso sea tenido por verdadero. ¿Qué implica este hecho?

Mencione algunas áreas de su vida en las que puede practicar las virtudes de la laboriosidad, la diligencia y la perseverancia.

EL AHORRO (FRUGALIDAD) VERSUS EL DESPILFARRO

Este es un vocablo que rara vez se oye hoy: frugalidad (o ahorro). Es necesario volver a aprender esta palabra. Es lo opuesto al derroche, consumo o dispendio inútil.

Una de las ironías que caracterizan a nuestro tiempo es que algunas iglesias predican un mensaje que conduce a la pobreza en vez de predicar la verdad que guía a la prosperidad. La enseñanza del evangelio de la prosperidad no produce prosperidad, más bien arrastra a más pobreza. El evangelio de «la salud y la riqueza» es animismo y magia con un barniz de lenguaje piadoso: «Si hace esto, Dios le bendecirá». Esto es prosperidad a través de una «magia» que trata de manipular a Dios invocando una especie de fórmula para exigir a Dios que atienda a su petición. Los pastores deberían hablar de la frugalidad, el trabajo esforzado y el ahorro. La Biblia enseña los beneficios del trabajo duro y el ahorro.

Reflexione

Lea Proverbios 21:5-8; 26:13-16; 28:19-22; 10:1-5; 21:17; 24:30-34.

¿Qué revelan estos pasajes acerca de la necesidad de la gratificación retrasada?

¿Qué revelan estos pasajes acerca de la frugalidad y la riqueza de la creación?

Mi esposa viaja a Honduras todos los años. Sirve en dos comunidades pobres: El Triunfo y Las Chácaras, cerca de la frontera con Nicaragua. Parte de su trabajo consiste en cambiar la cultura. Cuando pregunta a un grupo de mujeres: «¿Cuántas de ustedes tienen cuenta corriente?», ellas habitualmente responden: «No podemos ahorrar, somos demasiado pobres». El año pasado les hizo la siguiente pregunta:

—¿Cuántas de ustedes toman refrescos? —Todas respondieron afirmativamente.

—¿Y cuánto cuestan esas bebidas? —Ellas le dieron una estimación.

—Y ¿cuántos días a la semana toman refrescos? —Multiplíquenlo por cincuenta y dos semanas al año.

Una familia media gastaba entre 300 y 400 dólares al año en bebidas refrescantes. Sin embargo, en esas comunidades, muchos niños no estaban escolarizados porque cuesta 80 dólares al año. Con el dinero gastado en bebidas refrescantes tres o cuatro niños podrían asistir a la escuela. Esto no es ciencia espacial; es sabiduría. Este mensaje no vendrá necesariamente del gobierno. Procede de la Biblia. Los que enseñamos o predicamos la Biblia tenemos que enseñar virtudes que conduzcan a la prosperidad de las naciones.

Cuando uno trabaja duro y ahorra crea riqueza. La riqueza no brota de los minerales que esconde la tierra, ni de las tarjetas de crédito, subsidios del Estado o la suerte en la lotería. La riqueza es producto de la creatividad y la imaginación humanas; es resultado del trabajo esforzado y del ahorro.

He aquí la definición de ahorro del diccionario Webster 1828: «Frugalidad; buena práctica; gestión económica en relación a la propiedad. 1. Prosperidad; éxito y ventaja en la adquisición de propiedad; aumento de bienes materiales; ganancia... 2. Crecimiento vigoroso, como el de una planta». Note que la palabra ahorro (*thrift*, en inglés) procede de la palabra *thrive* (prosperar). Está relacionada con la idea de buenas prácticas agropecuarias (el cuidado y cultivo de animales y plantaciones, o administración de recursos).

Lo opuesto al ahorro es el derroche. La definición de este término, en el mismo diccionario, aclara: «derrochar deliberada o lujosamente; dilapidar; hacer que se pierda algo por causa de desenfreno, desperdicio o negligencia. Las personas descuidadas malgastan su combustible, su alimento o su propiedad. Los hijos malgastan su herencia».

> *Reflexione*
> ¿Se basan las economías modernas en el ahorro o en el consumo?
> ¿Qué estimulan las tarjetas de crédito? Explique su respuesta.
> ¿Diezma usted? ¿Ahorra?
> ¿Qué porcentaje de sus ingresos ahorra usted cada mes?
> ¿Qué cosas superfluas puede recortar para aumentar sus ahorros?

Mi padre me enseñó un orden de prioridades para aprovechar el beneficio de mi trabajo:

- Diez por ciento de diezmo —a Dios y obras de beneficencia
- Diez por ciento al ahorro a largo plazo
- Suficientes ahorros a corto plazo para sobrevivir a un evento catastrófico
- Gastos fijos (alimentos, ropa, casa, transporte, etc.)
- Gastos discrecionales (entretenimiento, deportes, etc.)

Esta aplicación práctica del ahorro nos permite proveer para los nuestros, compartir con otros en necesidad y contar con un capital para invertir en otras personas y sus sueños. Vivir sabiamente significa adquirir y usar moralmente la riqueza.

GENEROSIDAD VERSUS CODICIA

La última virtud de Proverbios que impulsa la creación de riqueza parece dudosa.

Lea

Lea Proverbios 21:5-8; 26:13-16; 28:19-22, 10:1-5; 21:17; 24:30-34.

¿Qué revelan estos pasajes acerca de la necesidad de practicar una gratificación retrasada?

¿Qué revelan estos pasajes acerca de la frugalidad y la creación de riqueza?

Parece contrario al sentido común considerar que el dar dinero es una buena manera de cubrir las propias necesidades. Pero este es uno de los principios que enseña Proverbios. Vemos esto, por ejemplo, en Proverbios 19:17 (RVC): «Dar algo al pobre es dárselo al Señor; el Señor sabe pagar el bien que se hace». Considere también Proverbios 28:8: «El que aumenta sus riquezas con usura y crecido interés, para aquel que se compadece de los pobres las aumenta».

Dios mismo es un dador generoso. En la creación proveyó un hogar espléndido para los seres humanos, colmó de todas las cosas que la primera pareja y sus generaciones pudieran necesitar o desear. Por tanto, ser generoso es asemejarse a Dios.

Una persona generosa es feliz y gozosa. No tenemos nada propio; somos mayordomos de las posesiones de Otro. Una actitud de agradecimiento y generosidad corresponde al que entiende el principio de la mayordomía.

Por contra, muchas sociedades fomentan el egoísmo y la avaricia. Adquirimos para consumir; queremos cosas para nosotros mismos. La cultura actual afirma «¡te mereces esto!», contrariamente a lo que afirma la Biblia: que Dios nos bendice para poder bendecir a otros.

La avaricia se opone a la generosidad. Proverbios 27:20 (NVI) advierte que «el sepulcro, la muerte y los ojos del hombre jamás se dan por satisfechos». La enseñanza de la prosperidad alimenta la codicia. Bajo la apariencia de instrucción bíblica, fomenta un vicio. Este mensaje, tan extendido en muchas culturas del mundo y en sus iglesias, es antitético a los principios de Proverbios, que enseñan virtud. Los pastores y los líderes de la iglesia son responsables de enseñar las verdades de Proverbios, inclusive la virtud de la generosidad.

La persona codiciosa acaba sola, sumida en una pobreza de relaciones. Cuando uno guarda todo para sí, tiene las manos cerradas para recibir algo de Dios. Dios concede más días a la persona generosa.

Muchas personas creen la mentira de que no se pueden permitir el lujo de dar. Jesús corrige la idea cuando habla de la ofrenda de la viuda. Miró y vio que los ricos echaban sus donativos en el arca de las ofrendas, y vio que una viuda pobre echó dos moneditas de cobre. Y dirigiéndose a ellos les dijo: «Os aseguro —dijo— que esta viuda pobre ha echado más que todos los demás. Todos ellos dieron sus ofrendas de lo que les sobraba; pero ella, de su pobreza, echó todo lo que tenía para su sustento» (Lucas 21:3-4).

No solo los ricos son llamados a ser generosos. Todos somos mayordomos. Los principios de la creación son de aplicación universal; incluso los pobres pueden hallar bendición cuando dan con un espíritu generoso.

> *Reflexione*
> ¿Qué ocurre cuando una familia trabaja esforzadamente y ahorra?
> ¿Qué ha de hacerse con el capital?

La palabra hebrea *nadib* se traduce por generoso y significa «dispuesto, p. ej., referente a ser voluntario y no coaccionado, implicando generosidad. La palabra deriva de líder, gobernador, oficial, príncipe, p. ej., un grande o miembro de la nobleza».

El diccionario Webster 1828 observa que la palabra generosidad procede del latín, «generositas, de genus, raza, especie, con relación al nacimiento, estirpe, familia... La cualidad de ser generoso; liberalidad de principio; una disposición a dar liberalmente o a conceder favores; una cualidad del corazón o mente en contraposición a la mezquindad o la parsimonia».

La codicia o avaricia, traducida de la palabra hebrea *batsa* significa «cortar, amputar», es decir, una extensión figurativa de morir o estar muerto, tener un fuerte deseo de obtener ganancias injustas. Webster define la avaricia como sentir un «vivo deseo de cualquier cosa; estar ansioso de obtener; como codiciar ganancias».

> *Reflexione*
> La palabra hebrea usada para designar la «generosidad» significa «dar voluntariamente». ¿Qué diferencia hay entre una sociedad libre en la que los ciudadanos dan libremente para ayudar a sus vecinos y una sociedad coercitiva en la que el gobierno carga a las personas con impuestos para ayudar a otros?
> ¿Qué porcentaje de sus ingresos da usted cada mes?
> ¿Qué cosas superfluas podría usted recortar para aumentar su generosidad?
> Vivimos en sociedades consumistas. ¿Cómo actúa la cultura consumista en contra de la prosperidad personal y nacional?
> ¿Se interesa Dios más en el desarrollo del carácter o en la acumulación de riqueza material?
> Haga una lista personal de cosas que puede hacer y que va a hacer para prosperar.
> Mencione algunas de las cosas que actualmente le hacen «marchitar» y «perecer».

En resumen, la virtud conduce a la creación de riqueza. El vicio conduce a la pérdida de riqueza. ¡Cuánta sabiduría hay vinculada a estas declaraciones sencillas! ¡Cuánta bendición —*shalom*— se podría impartir a una sociedad si se honrara esta sabiduría!

RESTAURACIÓN DE
LA SABIDURÍA

Vivimos en un mundo fracturado de ruptura deprimente. Esto se refleja en la pobreza, la enfermedad, quebranto emocional, y toda clase de injusticia. Tales consecuencias no son deseo de Dios para la familia humana. Antes bien, son resultado de la rebelión de la humanidad contra Dios, su creación y las ordenanzas que rigen la misma.

Dios tiene buenos deseos para que los seres humanos florezcan en todas las esferas de la vida (social, económica y política) y en todas las relaciones humanas (personales, familiares, comunitarias y nacionales). Cuando luchamos contra la enfermedad, el quebranto moral y la injusticia, no nos oponemos a Dios; colaboramos con Él.

Administrar la tierra —otra manera de hablar del mundo sostenible— es una responsabilidad compartida. El Dios soberano domina sobre todos. Él gobierna con su divina providencia a través de las ordenanzas de la creación. Pero los seres humanos han recibido responsabilidad de Dios. Aunque Él gobierna por medio de sus leyes y ordenanzas, los seres humanos gobiernan apoyados en la sabiduría —esto es, por su obediencia al mandato divino de la creación. Hemos sido creados para gobernar. Esto es palpable en el mandato cultural de Génesis 1:26-27. En Génesis 1:28, Dios nos bendijo, nos equipó y nos capacitó para realizar esa tarea.

La insensatez abandona el llamado de Dios a gobernar. Cuán necios somos cuando intentamos vivir de espalda a las leyes y ordenanzas de Dios. La locura abandona el autogobierno interno, lo cambia por una vida de desorden y anarquía. Estos comportamientos conducen a la pobreza y el languidecimiento de los hombres.

¿Por qué hay gentes y naciones pobres y esclavizadas? El mundo da muchas respuestas a esta cuestión y gasta miles de millones de dólares en planes para combatir la pobreza. ¿No se deberá la pobreza a haber olvidado la palabra sabiduría o ignorarla? ¿No será que como individuos y naciones tomamos malas decisiones que conducen a la pobreza?

La sabiduría nos permite gobernar en el marco de las ordenanzas de la creación. Esto conduce al florecimiento humano. El libro de Proverbios es la provisión divina para el gobierno humano a un nivel personal (autogobierno interno) y para que los magistrados a nivel nacional estimulen al pueblo y la sociedad a florecer. Recuperemos la presencia de la sabiduría en nuestro vocabulario, nuestras decisiones y nuestra vida.

Concluyamos este recorrido conjunto con una reflexión final creativa.

Reflexione

¿Qué ha aprendido usted de este estudio acerca de la sabiduría y la prosperidad?

¿Qué momentos de percepción especial ha tenido mientras leía este libro?

Desarrolle una reflexión creativa que exprese lo que ha aprendido. He aquí algunas ideas:

- Escriba un poema o una canción
- Escriba una carta a Dios, confiésele cualquier necedad que usted haya descubierto en su vida y pídale que le conceda un corazón y un espíritu de sabiduría.
- Coreografíe una danza.
- Pinte una pintura.
- Escriba un monólogo.

ALIANZA PARA EL DISCIPULADO DE LAS NACIONES

Alianza para el
Discipulado de las
Naciones

PREPARAR A LA IGLESIA PARA TRANSFORMAR EL MUNDO

La Alianza para el Discipulado de las Naciones es un movimiento global de personas, iglesias y organizaciones con una visión común: lograr que la Iglesia en el mundo desarrolle todo su potencial como instrumento de Dios para sanar, bendecir y transformar las naciones.

La Alianza para el Discipulado de las Naciones (ADN) fue fundada en 1997 como una asociación entre Fundación Contra el Hambre (www.fh.org) y Harvest (www.harvestfoundation.org). Nuestra misión consiste en influir en el modelo y la práctica de las iglesias locales del mundo, ayudarlas a reconocer y abandonar falsas creencias y abrazar una cosmovisión bíblica robusta —llevando verdad, justicia y belleza a todas las esferas de la sociedad; demostrando el amor de Cristo de manera práctica, respondiendo a la fractura de comunidades y naciones y comenzando con sus propios recursos.

Para más información y acceso a un abanico de recursos, programas, libros, materiales de estudio y herramientas de aplicación, visite www.disciplenations.org o contáctenos en: info@disciplenations.org.

ACERCA DE LOS AUTORES

Darrow L. Miller es autor, orador y cofundador de la Alianza para el Discipulado de las Naciones. Durante veintisiete años prestó servicio en Fundación Contra el Hambre Internacional, agencia de socorro y desarrollo, de motivación cristiana, que procura proveer alimento físico y espiritual a gentes de países en desarrollo en cuatro continentes. Desde hace casi treinta y cinco años, Darrow ministra como orador popular, diserta en conferencias y seminarios sobre temas como la cosmovisión cristiana, cultura y pobreza, la dignidad de la mujer, la gran comisión, trabajo y vocación, justicia social, ministerio holístico y el papel de la iglesia en el desarrollo.

Dos experiencias significativas influyeron en la vocación profesional de Darrow. La primera tuvo lugar durante un viaje a México a la edad de diecinueve años, donde vio por vez primera el rostro de la pobreza. La segunda tuvo lugar mientras estudiaba bajo la batuta de Francis Schaeffer, en la Comunidad L'Abri, en Suiza, donde descubrió que el cristianismo es objetivamente verdadero; es verdadero aunque nadie creyese en él. Estas experiencias motivaron a Darrow a dedicar su vida al servicio de los pobres y necesitados a través de una cosmovisión cristiana integral.

Antes de comprometerse en la lucha contra el hambre y la pobreza en 1981, Darrow invirtió tres años como parte del personal de *L'Abri Fellowship*, se preparó otros tres años como pastor en la *Northern Arizona State University* y fue dos años pastor de una iglesia urbana en Denver, Colorado. Además de obtener una licenciatura en educación superior para adultos, cursó estudios de posgrado en filosofía, teología, apologética cristiana, estudios bíblicos y misiones en los Estados Unidos, Israel y Suiza.

Darrow ha viajado, estudiado, y trabajado en unos cien países. Sus libros y artículos han sido traducidos (en parte o íntegramente) en catorce idiomas. Bloguea en Darrow Miller y amigos. http://darrowmilleryamigos.com/ Y se encuentra en Facebook: https://www.facebook.com/DarrowMiller.

Darrow y su esposa Marilyn residen en Blue Ridge, Arizona. Tienen cuatro hijos y trece nietos.

Gary Brumbellow es jefe de redacción de la Alianza para el Discipulado de las Naciones. Gestiona el blog Darrow Miller y amigos, y es editor y coautor de varios proyectos editoriales.

Gary sirvió ocho años como misionero transcultural fundador de iglesias en los pueblos nativos del Canadá. Su carrera incluye también catorce años como director ejecutivo de *Inter Act Ministries*, una organización dedicada a la fundación de iglesias, establecida en Oregón, que opera en Canadá, Alaska y Siberia.

Gary se licenció en la Grace University, obtuvo una maestría en la universidad de Wheaton y se diplomó en el Western Seminary. Reside en un suburbio de Portland, Oregón, con su esposa Valerie. Tienen dos hijos y doce nietos.

Además de la labor que realiza en la ADN (DNA por sus siglas en inglés), Gary es pastor de la iglesia Troutdale Community Church.